SONETOS LUXURIOSOS

ARETINO

# Sonetos luxuriosos

*Tradução, notícia biográfica,
ensaio crítico, notas*
José Paulo Paes

Companhia das Letras

Copyright da tradução © 2000 by Espólio José Paulo Paes

*Capa*
Raul Loureiro
sobre *Amor sáfico*, Auguste Rodin, *c.* 1900

*Preparação*
Márcia Copola

*Revisão*
Renato Potenza Rodrigues
Maysa Monção

Dados Internacionais de Catalogação na Publicação (CIP)
(Câmara Brasileira do Livro, SP, Brasil)

Aretino, Pietro, 1492-1556.
    Sonetos luxuriosos / Aretino ; tradução, notícia
biográfica, ensaio crítico, notas José Paulo Paes. — São
Paulo : Companhia das Letras, 2000.

    Título original: Sonetti lussuriosi.
    ISBN 85-359-0012-8

    1. Aretino, Pietro, 1492-1556 — Crítica e interpre-
tação  2. Libertinagem na literatura — Século 16  3.
Poesia erótica italiana — Século 16  I. Paes, José Paulo,
1926-. II. Título.

00-1730                                     CDD-851.3

Índices para catálogo sistemático:
1. Poesia erótica : Século 16 : Literatura italiana  851.3
2. Século 16 : Poesia erótica : Literatura italiana  851.3

[2000]
Todos os direitos desta edição reservados à
EDITORA SCHWARCZ LTDA.
Rua Bandeira Paulista 702 cj. 32
04532-002 — São Paulo — SP
Telefone (11) 3846-0801
Fax (11) 3846-0814
www.companhiadasletras.com.br

*Diverti-me* [...] *escrevendo os sonetos que podeis ver* [...] *sob cada pintura. A indecente memória deles, eu a dedico a todos os hipócritas, pois não tenho mais paciência para as suas mesquinhas censuras, para o seu sujo costume de dizer aos olhos que não podem ver o que mais os deleita.*

*Aretino*

# Sumário

Notícia biográfica . . . . . . . . . . . . . . . . . . . . . . . . . . . . . 9
Uma retórica do orgasmo . . . . . . . . . . . . . . . . . . . . . . 21
Sonetos luxuriosos . . . . . . . . . . . . . . . . . . . . . . . . . . . 51
Notas . . . . . . . . . . . . . . . . . . . . . . . . . . . . . . . . . . . . . 105

NOTÍCIA BIOGRÁFICA

Toda época histórica precisa, a posteriori, pelo menos, de um bode expiatório que lhe possa purgar as culpas e os crimes. A Renascença italiana teve-o sob medida em Pietro Aretino. "Nesse mundo de *corruttela*, como disse Maquiavel; numa sociedade onde todo ideal, exceto o ideal artístico, desaparecera; onde o indivíduo, liberado dos velhos entraves, acreditava ser-lhe permitido tudo — nesse mundo, um Aretino, com suas aspirações a uma liberdade completa, com o seu desejo de uma vida larga e voluptuosa, com a sua paixão de dominar, de afirmar *il particolare suo* em todos os domínios e por todos os meios, não é uma exceção."[1] À prudência dessas palavras de Antoniade, o qual, vendo embora em Aretino uma ilustração cabal dos vícios de sua época, nem por isso deles isenta os contemporâneos, não faz eco a severidade de De Sanctis, para quem o mundo renascentista, o "mundo po-

1. C. Antoniade, *Trois figures de la Renaissance — Pierre Arétin, Guichardin, Benvenuto Cellini* (Paris, Desclée de Brouwer, 1937), p. 159, de onde tirei quase todos os dados para esta notícia.

sitivo de Guicciardini, um mundo puramente humano e natural, fechado no egoísmo individual, superior a todos os vínculos morais que congregam os homens", teve em Aretino um "retrato vivo [...] na sua forma *mais cínica e mais depravada*" (grifo meu).[2]

Pietro Aretino nasceu em 19 ou 20 de abril de 1492 na cidade toscana de Arezzo, donde lhe veio o sobrenome: *aretino*, diz-se, em italiano, do natural de Arezzo. Era filho de um sapateiro, Luca, cujo nome de família não chegou até nós, mesmo porque Pietro jamais o adotou. A mãe deste, Tita, maldosamente apresentada como cortesã pelos inimigos do filho, era na verdade uma *popolana* de honestos costumes e grande beleza cujos traços foram imortalizados por um pintor seu conterrâneo no quadro da Virgem da Anunciação ainda hoje colocado acima do portal da igreja de São Pedro, em Arezzo. Na infância, Pietro lia tudo quanto lhe caía nas mãos, afeiçoando-se especialmente aos romances de cavalaria. Aos quinze anos, fugiu de casa e foi parar em Perugia, onde arranjou trabalho na oficina de um tipógrafo-encadernador. Ali, enquanto aprendia o ofício, ia saciando a fome de leitura e completando autodidaticamente sua rudimentar educação com ler os cadernos impressos que lhe cabia juntar e costurar. Ainda em Perugia iniciou os estudos de pintura, que não tardaria a abandonar; deles lhe ficou, no entanto, a paixão por essa arte e o conhecimento de suas técnicas: uma o faria íntimo dos grandes pintores do tempo e o outro lhe daria segurança crítica às apreciações.

No mesmo ano em que abandonou Perugia e a escola de pintura, 1512, Aretino viu publicado pelo editor Zopino, de Veneza, seu primeiro livro, cujo longo título lhe atribuía ain-

---

2. Em *Lettere* de Aretino, vol. xxv da série "lassici Italiani (Milão, Ist. Editoriale Italiano, s. d.), p. 9.

da a condição de pintor: *Opera nova del fecundissimo giovene Pietro Pictore Aretino — Zoè strambotti, sonetti, capitole, epistole, barzellette ed una desperata.* Cinco anos mais tarde, vamos encontrá-lo em Roma como serviçal de Agostinio Chigi, o mais rico banqueiro da cristandade. Já então Aretino se notabilizava como o poeta satírico cujo talento fez do Pasquino uma verdadeira instituição. Com esse nome era popularmente conhecida uma estátua mutilada, grega de origem, que até hoje existe num canto de rua perto da piazza Navona. Nos começos do século XVI, os estudantes costumavam realizar, a cada 25 de abril, dia de São Marcos, uma comemoração burlesca à volta da estátua de Pasquim. Vestiam-lhe uma bata coçada e afixavam-lhe à base ou soclo versos humorísticos, em grego, latim ou italiano, acerca de fatos ou figurões da vida romana, aos quais eram dirigidos por vezes ataques viperinos. Um mês mais tarde, publicava-se um folheto com as melhores sátiras desses autores anônimos, todas elas atribuídas ao lendário Pasquim, símbolo do espírito crítico dos romanos. As "pasquinadas" de Aretino, regularmente afixadas ao soclo da estátua para deleite de toda a população da cidade, acabaram por transformar numa instituição permanente a antiga comemoração anual de estudantes. Nelas, a dialogar com Pasquim, aparecia um segundo personagem, Marfório, alcunha de uma das estátuas do Capitólio, e ambos comentavam maliciosamente os sucessos do dia e os ridículos dos grandes senhores, inclusive dos cardeais do Sacro Colégio, sede do governo papal, cuja autoridade não se confinava então no território do Vaticano, mas abarcava toda a cidade. Aretino conhecia bem os bastidores da vida cardinalícia porque, com a sua inata habilidade de cortesão, conseguira insinuar-se na confiança e na estima de Leão X, o papa Medici que herdara de Lourenço, o Magnífico, o amor das artes e das letras.

Na corte de Leão x, artistas como Rafael e humanistas como Bembo ombreavam com bufões como Fra Mariano e arrivistas como o próprio Aretino, o qual não tardou a conquistar também a amizade do cardeal Giulio dei Medici, sobrinho do papa e seu sucessor virtual. Virtualidade que não se fez realidade por ocasião da morte de Leão x porque os demais cardeais escolheram para sucedê-lo Adriano vi, o austero papa flamengo que tentou baldadamente pôr fim à dissolução do alto clero, responsável pela cizânia de Lutero, que abalava o mundo cristão até os alicerces. Logo após a eleição de Adriano, Aretino inicia contra ele uma campanha de pasquinadas. A ira do papa — que não só proibira a festa anual de Pasquim como ameaçara de severas punições os autores de escritos irreverentes —, somada à peste então grassando em Roma, força o poeta a fugir para Florença em companhia de seu protetor Giulio dei Medici. Este o envia, por empréstimo, ao marquês de Mântua, que admirava os escritos de Aretino e almejava tê-lo como ornato de sua corte. Mas uma carta ameaçadora de Adriano vi teve o condão de esfriar o entusiasmo do marquês, a ponto de ele, numa carta confidencial ao pontífice, oferecer-se para providenciar, discretamente, a morte do poeta. Aretino foi-se então refugiar em Reggio Emilia, junto a outro Medici seu amigo, Giovanni delle Bande Nere, cujas tropas estavam alistadas no exército da Liga em luta contra o imperador Carlos v. A esse exército pertencia também, como representante de Florença, Maquiavel, que sonhava ver o jovem capitão das Bandas Negras converter-se no libertador e unificador da Itália por ele postulado em *O príncipe*. Mas a morte repentina desse que foi o último dos condottieri frustrou os sonhos de Maquiavel. Aretino regressou a Roma em 1523, ano em que Giulio dei Medici conseguiu finalmente ascender ao trono de são Pedro após a morte de Adriano VI. Passou então o poeta a desfrutar do mais alto prestígio na corte do novo papa, que tomou o nome de Clemente VII e pouco depois distinguiu seu protegido com um título de Cavaleiro de Rodes, conquanto este aspirasse a nada menos que um chapéu de cardeal. A causticidade e a soberba do poeta haviam lhe criado, porém, um inimigo temível em Giberti, datário, ou seja, secretário-geral da Santa Sé. Giberti encarregou um de seus apaniguados de armar uma emboscada ao poeta e matá-lo, mas este, graças à sua compleição robusta, conseguiu escapar, apesar de ferido. O grande ascendente de Giberti sobre Clemente VII fez com que o papa não desse muita atenção às queixas de Aretino contra o poderoso datário. Pela mesma época, houve o escândalo dos *Sonetos luxuriosos*, de que se tratará em outra parte, que comprometeu ainda mais Aretino perante o pontífice. Desprestigiado assim por arte de seus inimigos e temeroso de novas tramas, ele resolve deixar definitivamente a corte de Roma. Seu rancor encontra alívio numa série de poemas insultuosos contra Clemente VII, inclusive um *giudizio* publicado em 1527 no qual previa a queda de Roma ante as tropas de Carlos V e o aprisionamento do papa, desastre que logo iria ocorrer de fato. Os *giudizi* ou julgamentos eram uma forma de poesia satírica desenvolvida por Aretino paralelamente às suas pasquinadas. Neles, parodiando os almanaques astrológicos muito em voga na época, ele fazia previsões humorísticas e julgamentos cáusticos sobre figuras e acontecimentos do dia. Impressos em folhas soltas ou volantes, os *giudizi* eram vendidos nas ruas, contribuindo decisivamente para popularizar o nome de Aretino e firmar-lhe a reputação de satírico terrível.

Nesse mesmo ano de 1527, ele se estabelece em Veneza, onde iria passar o resto de seus dias. Rainha dos mares, a cidade dos canais era então a mais opulenta da Europa. Para ela afluíam as riquezas do Oriente, trazidas pelos navios de seus mercadores, que se compraziam numa vida de luxo, de volúpia e de refinamento, bem traduzida na beleza de seus palácios de estilo bizantino ou gótico-árabe e na imponência de suas igrejas edificadas e decoradas por artistas do porte de Sansovino, Paladio, Ticiano, Tintoreto. Nessa vida faustosa, que lhe saciava enfim o apetite das glórias do mundo, prontamente se integrou Aretino, tornando-se um dos mais ilustres cidadãos de Veneza, à qual chamou, em tom ditirâmbico, "pátria universal, liberdade comum e albergue de gente dispersa". Morava à beira do Grande Canal, perto da ponte de Rialto, num palácio repleto de objetos de arte — quadros, esculturas, vasos, estofos e tapetes de alto preço —, mas com poucos livros, já que abominava a pedanteria dos eruditos e gabava-se de, para escrever, necessitar apenas de papel, penas, tinta e seu próprio espírito. Para gerir-lhe a casa, contava ele não um mordomo, mas seis belas cortesãs — as *aretinas*, como ficaram conhecidas —, que lhe atendiam os desejos e lhe entretinham os amigos. Não é assim de estranhar que esse epicurista *à outrance* nunca se tivesse casado, o que não quer dizer houvesse ficado de todo imune ao amor-paixão de que zombou mais de uma vez em sua obra. Quase no fim da vida, apaixonou-se ele por uma jovem veneziana de boa família, sobrinha de um monsenhor seu amigo. Chamava-se Pierina Riccia, e o poeta, antipetrarquista confesso, pôs-se também a petrarquizar, dedicando à jovem castos e delicados madrigais. Nem por isso a desposou: preferiu casá-la com um de seus discípulos. Abandonada mais tarde pelo marido de conveniência, Pierina continuou a morar em casa de Aretino promovida a favorita do seu harém. Ele tinha por ela a devoção mais completa. Enchia-a de presentes; quando ela o trocou por um amante mais jovem, recebeu-a de braços abertos tão logo a soube abandonada pela segunda vez; dela cuidou extremosamente na doença. A morte precoce de Pierina iria encher de pesar os últimos dias de Aretino.

Conforme gostava ele de dizer, seu palácio de Rialto era "como um porto de mar": estava sempre aberto aos visitantes. Ali, principescamente vestido, uma cadeia de ouro ao pescoço, presente de Francisco I, rei de França, e a barba de patriarca a dar-lhe imponência à figura, ele recebia os artistas, especialmente Ticiano e Sansovino, seus amigos mais chegados, os escritores e os nobres de Veneza, bem como uma turba de parasitas que se fartava na sua mesa sempre posta. Por cerca de trinta anos, Aretino foi o centro da vida intelectual e mundana da cidade. Sua fama ultrapassara as fronteiras da Itália, alcançando as principais nações da Europa. Reis e imperadores o admiravam e o cumulavam de doações. Carlos V concedeu-lhe uma pensão anual de 2 mil escudos; Henrique VIII da Inglaterra, os reis de Portugal, Boêmia e Hungria e a rainha da Polônia enviavam-lhe presentes em dinheiro e espécie; até mesmo Barba-Roxa, o temido pirata de Argel, e o sultão Solimão o presentearam, isso para não falar nos subsídios que continuamente recebia de duques e marqueses da própria Itália. Fortuna tão extraordinária não se devia apenas ao talento literário de Aretino; devia-se mais bem ao seu senso de oportunidade e, por que não dizê-lo, à sua falta de escrúpulos. Certeiramente o definiu seu amigo Ticiano quando o chamou de Condottiere das Letras: à semelhança dos capitães de aventura que punham sua espada a soldo deste ou daquele potentado, Aretino punha o prestígio de sua pena a serviço de quem lhe pagava melhor ou a usava para ridicularizar e denegrir os que se recusassem a pagar-lhe. Era uma espécie de chantagista literário que, por via de habilidosa dosagem de lisonjas, ameaças e calúnias, criava ou destruía uma reputação; daí o título que orgulhosamente se dava de O Flagelo dos Príncipes.

Sua atividade de chantagista, ele a exerceu sobretudo através das cartas que constantemente trocava com quase todas as personalidades da época. Foi, sem comparação, o mais fecundo epistológrafo da literatura italiana, onde praticamente inaugurou o gênero ao publicar, ainda em vida, seis volumes de suas *Lettere*. E, mais que isso, foi, no dizer de Philarère Chasles, o precursor do jornalismo moderno por ter feito os poderosos de seu tempo temerem a força da palavra, a palavra que molda a opinião pública e é capaz de abalar tronos ou legitimar reis. Nesse sentido, ele se tinha por emancipador da classe dos *virtuosi*, vale dizer, dos escritores, condenados então a viver única e exclusivamente da generosidade dos mecenas, sendo por eles relegados amiúde à mesma condição dos lacaios e serviçais de categoria inferior: "Se faço o que faço, e por tais meios, é porque eu perseguia a emancipação de toda uma classe: tomei a peito o rebaixamento dos escritores, obrigados a viver de caridade e de esmolas; e mostrei-lhes o caminho da independência. [...] Que os doutos, se desejam mofar das intrigas e insídias dos senhores, marchem resolutamente pelo caminho que lhes abri com meus braços poderosos". Diferentemente dos seus colegas de ofício, escravizados à vontade dos que miseravelmente os subsidiavam, Aretino podia dizer, alto e bom som, na liberal Veneza aonde se acolhera e de que era, por assim dizer, o doge intelectual: "Eu que livre aqui nasci, livre aqui vivo e livremente aqui morrerei". Livre, de fato, e honrado pelos seus contemporâneos, que o apodaram de Divino e o tinham pelo maior poeta da Itália de então, superior inclusive a Ariosto, ele morreu em Veneza em 21 de outubro de 1556.

Sua extensa obra literária não lhe sobreviveu, com exceção de *I raggionamenti*, o mais conhecido e possivelmente o melhor dos seus livros. Nele, através do diálogo de duas velhas cortesãs acerca da melhor profissão a dar à filha de uma delas, que mais adiante participa também da conversação para ser iniciada nos segredos do ofício de meretriz para ela escolhido pela mãe, Aretino pinta um retrato excepcionalmente vivo da sociedade italiana da Renascença, desvendando-lhe a intimidade com uma incontinência de linguagem e um grau de realismo ao qual não chegara Boccaccio, seu modelo evidente. As *Lettere* de Aretino, às quais já se fez referência, são também de grande interesse literário e histórico pelo que nos revelam da personalidade do autor, seus gostos, opiniões, idiossincrasias, e pelo que nos informam acerca de figuras e sucessos da época em que viveu. Já a sua poesia, tirante os *Sonetti lussuriosi* e os versos satíricos, de que não há ainda edição acessível, parece ter sido definitivamente condenada ao esquecimento: é o caso de *Marfisa*, poema épico, e de *Orlandino* e *Astolfeida*, poemas paródicos. Em igual esquecimento merecem ficar também as suas obras religiosas ou *ascetiche*, escritas num estilo hiperbólico e precioso que antecipa o barroco: *Parafrasi sopra i Sette Salmi, Dell'umanità del Figliol di Dio, Vita de Maria Vergine* etc. O que não se justifica, contudo, é o esquecimento de suas comédias, verdadeiro marco na história do teatro italiano pelo que lhe trouxeram de inovação: em vez de copiarem Plauto e Terêncio, como era de uso na comédia renascentista, elas vão buscar linguagem, tipos e situações na vida cotidiana do tempo. Conhecem-se, de Aretino, além da tragédia *Orazia*, as comédias *La cortigiana, Il Maresciallo, La Talanta, Lo ipocrita* e *Il filosofo*. Para se ter uma idéia do valor dessas comédias, de tão marcado sabor popular e onde a vitória cabe sempre aos espertalhões mestres na arte de lograr os semelhantes, bastará dizer que *Ipocrita* antecipa o *Tartufo* de Molière (que não desconhecia o teatro de Aretino) e que é mais do que provável ter *Il Maresciallo* influenciado Rabelais.

*J. P. P.*

UMA RETÓRICA DO ORGASMO

*Eu perseguia a emancipação de toda uma classe: tomei a peito o rebaixamento dos escritores, obrigados a viver de caridade e de esmolas; e mostrei-lhes o caminho da independência. Eu que livre aqui nasci, livre aqui vivo e livre aqui morrerei.*

*Aretino*

Por mais de um título, são os *Sonetti lussuriosi* de Pietro Aretino um marco na história da poesia erótica do Ocidente, essa mesma poesia cujo estudo e divulgação têm sido obstados com tanta freqüência pelo filisteísmo dos guardiães, ostensivos ou disfarçados, da moralidade oficial. Afloramento privilegiado da carnalidade da Renascença, os sonetos aretinianos reatam a dicção sem peias de um Catulo ou de um Marcial, que os goliardos, alguns trovadores provençais e os autores das cantigas de escárnio e maldizer não tinham deixado perecer durante o Medievo.[1] Se por mais não fosse,

---

1. Para não falar de outros, como o anônimo autor do *Concílio amoroso de Remiremont*, poema escrito em latim por volta de 1150 que "nos dá uma descrição cínica das orgias eróticas de um convento de freiras da Lorena", segundo Ernst Robert Curtius (*Literatura européia e Idade Média latina*, trad. Teodoro Cabral, Rio de Janeiro, INL, 1957, p. 127), ou, já no quadro da literatura italiana em vulgar, os poetas "realistas" dos séculos XIII e XIV, como Cecco Angiolieri, que "canta a sua mulher, Becchina, com sensualidade vivaz" (Mario Sansone, *História da literatura italiana*, trad. R. Barchiesi, Lisboa, Cor, 1956, p. 22).

bastaria a perseguição encarniçada de que os *Lussuriosi* vêm sendo alvo desde o século XVI, quando foram escritos, até os dias de hoje, para garantir-lhes preeminência: como lembra Henry Miller, eles "haviam sido condenados por quatrocentos anos".[2] Dessa condenação dá prova o escasso número de suas edições, quase todas em tradução francesa,[3] com as palavras ditas obscenas substituídas por sinônimos menos chocantes ou pela letra inicial seguida de hipócritas reticências. O texto original em italiano, sem cortes nem desfigurações, é praticamente inacessível à maioria dos leitores, pois dele se fizeram na Itália, ao que parece, apenas três ou quatro edições: em 1556, em 1600 e em 1792. A edição que pude examinar, em xerocópia obtida por amigos prestimosos,[4] é uma reprodução moderna da edição de 1792.

Esse exame convenceu-me de que a importância dos *Sonetti lussuriosi* radica menos na sua condição histórica de pedra de escândalo que na competência de sua arte poética, quase sempre ignorada ou menoscabada pelos críticos, a co-

2. Henry Miller, *L'obscenité et la loi de réflexion* (trad. D. Kotchouhey, Paris, Seghers, 1949), p. 11.

3. Delas, a única ainda hoje acessível é a de Guillaume Apollinaire, *L'oeuvre du divin Aretin* (Paris, Bibliothèque des Curieux, 1933), de cuja erudita introdução e não menos eruditas notas tirei boa parte das informações históricas acerca dos *Lussuriosi*.

4. Cabe aqui um agradecimento especial a Wilson Martins, que não só me conseguiu na biblioteca pública de Nova York xerocópia do texto italiano dos *Lussuriosi* e de fontes biográficas acerca de Aretino como também, por intermédio de Luciana Stegnano Picchio, da Universidade de Roma, uma xerocópia completa de *Dubbi amorosi, altri dubbi e Sonetti lussuriosi di Pietro Aretino* (Roma, Editori Associati, 1966). Agradeço ainda a Jorge Amado e à sua tradutora italiana, que me enviou cópia de uma versão francesa dos *Lussuriosi* publicada em Roma em 1964 pelos mesmos Editori Associati. Na biblioteca de Fernando Góes, amigo recentemente falecido, encontrei valiosas achegas bibliográficas sobre Aretino.

meçar do mais ilustre, De Sanctis, que não lhe dá nenhuma atenção no capítulo[5] de sua *Storia della letteratura italiana* dedicado a Aretino. Mas antes de entrar no mérito dos sonetos, convém recordar-lhes as circunstâncias de origem.

Em 1524, ou quiçá um pouco antes, Giulio Romano, o mais famoso dos discípulos de Rafael, que trabalhava então no Vaticano pintando salas deixadas incompletas pelo mestre, morto havia quatro anos, resolve executar, para sua própria diversão ou de seus amigos — era homem dado a partidas e brincadeiras —, uma série de quadros que representavam, nas palavras reprobatórias de Vasari,[6] "todos os diversos modos, atitudes e posições com que os homens despudorados deitam-se com as mulheres". Tais quadros obscenos ficaram logo conhecidos dos artistas de Roma. O interesse por eles despertado induziu Romano a torná-los acessíveis a maior número de admiradores, pelo que autorizou ele o gravador Marcantonio Raimondi a reproduzi-los e vendê-los. Raimondi tinha chegado a Roma por volta de 1510 vindo de Bolonha, onde criara um caso com suas contrafações de xilogravuras originais de Dürer em chapas de cobre, processo de reprodução por ele supostamente inventado ou, o que é mais provável, por ele roubado de discípulos do mesmo Dürer;[7] pouco depois de sua chegada a Roma, fez uma série de reproduções de desenhos de Rafael que lhe granjearam o prestígio de o melhor gravador da Itália. Ao que parece, porém, a pressa em ganhar dinheiro levou Raimondi a vender as gravuras libertinas sem nenhuma discrição, e logo chegavam aos ouvi-

---

5. Reproduzido como introdução às *Lettere* de Aretino no volume xxv da série Classici Italiani (Milão, Ist. Editoriale Italiano, s. d.).

6. Citado por C. Antoniade em *Trois figures de la Renaissance — Pierre Arétin, Guichardin e Benvenuto Cellini* (Paris, Desclée de Brouwer, 1937), p. 53.

7. Cf. Thomas Caldecot Chubb, *Aretino Scourge of Princes* (Nova York, Reynal & Hitchcock, 1960), p. 111.

dos das autoridades papais reclamações de pessoas indigna-
das com a imoralidade delas. Raimondi foi preso e Romano
só escapou da cadeia porque, a essa altura, achava-se em
Mântua trabalhando no depois célebre palazzo del T do mar-
quês de Gonzaga. Sendo Raimondi amigo de Aretino, cujo
retrato aliás fizera, este, valendo-se da sua condição de favo-
rito de Clemente VII, intercedeu junto ao pontífice e conse-
guiu a libertação do gravador.
Mas o incidente dos quadros eróticos de Giulio Romano
não iria parar aí. Numa carta ao médico Battista Zatti, Areti-
no conta-lhe a continuação imediata:

Depois de conseguir do papa Clemente a libertação de Mar-
cantonio, veio-me o desejo de ver as figuras que fizeram o in-
trometido Giberti exclamar que o hábil artesão que as grava-
ra devia ser enforcado. Vendo-as, fui inspirado pelo mesmo
espírito que levou Giulio Romano a pintá-las. E, como se sabe,
poetas e escultores, antigos e modernos, não viram mal algum
em, por distração, permitir ao próprio gênio que escrevesse ou
esculpisse, de quando em quando, bagatelas licenciosas, como
o sátiro de mármore tentando violar um menino que se en-
contra no palácio Chigi; diverti-me então escrevendo os sone-
tos que podeis ver agora sob cada pintura. A indecente memó-
ria deles, eu a dedico a todos os hipócritas, pois não tenho
mais paciência para as suas mesquinhas censuras, para o seu
sujo costume de dizer aos olhos que não podem ver o que
mais os deleita. Que mal haverá em contemplar um homem a
possuir uma mulher? Serão os mesmos animais mais livres
que nós? Parece-me que aquela coisa que a Natureza nos dá
para perpetuar-nos deveria ser usada à volta do pescoço como
berloque e no chapéu como medalha. Foi ela quem vos fez, a
vós que sois o primeiro dos médicos. Foi ela quem produziu
os Bembos, os Molzas, os Fortúnios, os Varchis, os Ugolini

28

Martellis, os Lorenzo Lenzis, os Fra Sebastianos, os Sansovinos, os Ticianos, os Michelangelos, e, depois deles, os papas, imperadores e reis. Gerou as mais adoráveis crianças, as mulheres mais belas, os santos mais veneráveis. Não é mister ocultar órgãos que engendraram tantas belas criaturas. Seria antes mister ocultar nossas mãos, que nos dissipam o dinheiro, fazem juramentos falsos, emprestam a juros usurários, torturam a alma, ferem e matam.

Essas "bagatelas licenciosas" que, também por diversão, Aretino se comprouve em escrever como uma espécie de legenda ou dístico para os quadros de Romano gravados por Raimondi, são nada mais nada menos que os próprios *Sonetti lussuriosi*. Escritos um ano após o escândalo das gravuras — em 1525, portanto[8] —, não parece terem sido publicados em vida do autor.[9] Mas isso não impediria que se tornassem logo conhecidos como obra altamente imoral, a ponto de provocarem a irritação de Clemente vii contra Aretino, a quem até então distinguira com sua benevolência e seus favores. À míngua deles, o poeta achou mais prudente abandonar Roma para sempre, em busca de climas mais favoráveis, como o de Veneza, onde iria passar o resto de seus dias rico e honrado como o maior poeta do seu tempo, juízo que a posteridade não ratificou, *hélas*!

8. Aretino só havia publicado até então um pequeno volume de poemas, impresso em Veneza pelo editor Zopino no ano de 1511.
9. No prefácio da edição já citada de *Dubbi amorosi, altri dubbi e Sonetti lussuriosi*, diz-se que a primeira edição desse livro teria sido feita em Veneza "nel 1556", no mesmo ano da morte de Aretino, portanto. Apollinaire é ainda mais taxativo a respeito: "Tem-se hoje por quase certo que eles [os *Sonetti lussuriosi*] não foram impressos em vida de Aretino e que a história do escândalo por eles causado em Roma não passa de uma fábula imaginada de boa-fé por Mazzuchelli" (op. cit., p. 198).

O fato de terem nascido sob o signo do escândalo e, em conseqüência, de ficarem marcados com o labéu da obscenidade, que os relegaria por quatro séculos ao *enfer*[10] das pequenas edições clandestinas, explica a escassez de informações seguras acerca dos *Sonetti lussuriori*.[11] A começar de sua fonte de inspiração: tanto os quadros originais de Giulio Romano como as gravuras feitas sobre eles por Marcantonio Raimondi desapareceram; as ilustrações atribuídas a Raimondi que ornam a edição francesa de 1904 são, para Guillaume Apollinaire, uma falsificação de nossos dias, feita com base na descrição que um erudito, Alcides Bonneau, deu das gravuras originais.[12] Outra dúvida fundamental concerne ao número canônico de sonetos. A maioria das fontes diz serem apenas dezesseis; entretanto, na sua *Vita de Marcantonio Bolognese*, Vasari fala em "venti fogli" gravadas por Raimondi, e como Aretino escreve, na carta há pouco citada, ter composto um soneto para cada lâmina, o número deles ascenderia logicamente a vinte, o que discrepa da edição italiana de 1792, onde constam 26 sonetos. Sobre essa incongruência, Apollinaire limita-se a dizer laconicamente: "Sabe-se que esses sonetos foram elevados a 26; número que não corresponde ao das figuras de Giulio Romano".[13] Escusa insistir na importância da questão, que toca de perto à própria autenticidade dos *Sonetti lussuriosi*. Se apenas dezesseis deles foram de fato escritos por Aretino, então os outros dez são contrafações. E

10. Com esse nome ficou conhecida a seção de livros "proibidos" da Biblioteca Nacional de Paris. Criada por ordem de Napoleão, quando ainda primeiro-cônsul, ali se guardaram por longos anos as obras reputadas obscenas.
11. Como diz Apollinaire, "não existe ainda um trabalho definitivo no tocante à história desses sonetos" (*Oeuvres complètes de Guillaume Apollinaire*, Paris, Balland e Lecat, 1966, p. 100).
12. *L'oeuvre*, cit., p. 17.
13. Idem, p. 16.

como distinguir os autênticos dos contrafeitos? Não sei se algum erudito contemporâneo terá dirimido a questão em definitivo, mas duvido que alguém o tivesse feito; se o corpus da lírica de um poeta "oficial" como Camões (para citar um exemplo mais conhecido) é ainda hoje objeto de contestação e de polêmica, que dizer do de um poeta secundário e "maldito" como Aretino? Creio ser mais avisado, por enquanto, deixar em suspenso a questão da autenticidade desta ou daquela peça e considerar as 26 chegadas até nós como o próprio corpus dos *Sonetti lussuriosi*, tanto mais que as interliga todas inegável unidade de forma e de espírito.

No tocante à forma, a primeira observação que se impõe é não ostentarem as 26 peças a estrutura tradicional de catorze versos dispostos em duas quadras e dois tercetos com que o soneto, a mais duradoura das formas fixas, vem se perpetuando desde sua invenção no século XIII. Os *Sonetti lussuriosi* são, antes, do tipo chamado *con colla* ou *strambotti*, vale dizer, formados por dezessete versos dispostos em duas quadras e três tercetos, um terceto a mais, portanto, que o soneto petrarquiano, sendo que o verso inicial do último terceto rompe o metro decassílabo até então rigorosamente observado por ter apenas seis sílabas. Essa variante caudata ou estrambótica é de origem italiana e remonta também ao século XIII, aos primórdios do próprio soneto, portanto. Na literatura italiana, ela foi usada sobretudo na poesia satírica, embora o Século de Ouro espanhol a adotasse também em composições "sérias".[14]

O tom satírico reponta já nos dois primeiros dos *Sonetti lussuriosi*, os quais são algo assim como um prólogo aos demais, antecipando-lhes o assunto principal (*genti fottenti e fot-*

---

14. Cf. Rudolf Baehr, *Manual de versificación española* (trad. K. Wagner e F. López Estrada, Madri, Gredos, 1970), p. 386.

*tute*), os motivos iterativos (*fotte in cul, le puttanesche gerarchie*) e os termos-chaves (*cazzi, potta, culi*). Ao declarar, na peça de abertura, nada terem a ver seus sonetos com os capítulos, éclogas ou canções de Sannazaro e Bembo, e, logo adiante, ofuscarem as proezas sexuais de seus protagonistas os feitos de Morgante e de Margute, inculca-se Aretino praticamente de um dos dois tipos fundamentais de sátira, a esteticamente corretiva, diversa da sátira eticamente corretiva por voltar-se não contra as fraquezas humanas em geral, mas, em particular, contra as da arte e dos artistas.[15] Nesse sentido, quer pela crueza de sua linguagem, quer pela carnalidade de sua temática, os sonetos aretinianos podem ser considerados o avesso da poesia culta de sua época,[16] a qual não só recebera de Dante e de Petrarca o gosto pela divinização da mulher — menos um deleitoso ser de carne do que uma metáfora terrena da Virgem, conforme o ilustra o platonismo descarnado das *Rime* do cardeal Pietro Bembo (1470-1547) —, como também herdara mais remotamente de Virgílio a nostalgia citadina dos *loci ameni* e da simplicidade da vida rural, nostalgia que se faz puro artifício literário nas éclogas da *Arcadia* de Jacopo Sannazaro (1458-1530), desencadeadora da moda pastoral ou bucólica que tão larga carreira haveria de ter nas literaturas da Europa, com seus *liquidi cristalli* e *fioretti* citados em tom jocoso no primeiro dos *Sonetti lussuriosi*. Já a menção,

---

15. Cf. o verbete "Satire", de Robert C. Whitford, no *Dictionary of world literary terms* (org. Joseph T. Shipley, Londres, Allen & Unwin, 1955).

16. A despeito de suas severas restrições a Aretino, De Sanctis (op. cit.) reconhece nele "uma consciência crítica tão direta e tão decidida que deve ter parecido extraordinária naquele tempo". Comenta-lhe também com simpatia a aversão ao pedantismo dos letrados seus contemporâneos, "quegli che lambiccano l'arte dei greci e dei latini", enquanto ele, Aretino, se gloriava de sua naturalidade: "A própria natureza, de cuja simplicidade sou secretário, me dita aquilo que eu componho".

no soneto seguinte, a Morgante e Marguta, os dois alegres gigantes do poema herói-cômico de Luigi Pulci (1432-84), afina-se de certo modo com o espírito da própria poesia aretiniana, onde o amor surge como puro gozo dos sentidos e, como tal, fonte não de tristonhas ruminações em torno de inalcançáveis Lauras ou Beatrizes, mas de prazenteiras e desbocadas invectivas que os amantes trocam entre si enquanto estão *stretti a tal piacere intenti* (soneto 6). Tudo começa e termina no ato erótico em si, numa efusão de pura sexualidade onde os sentimentos não têm papel algum a desempenhar.

Com uma única exceção — o soneto 21, em que o namorado busca jeitosamente iniciar a assustada e dolorida virgem nos prazeres da carne —, a mulher comparece nos *Sonetti lussuriosi* sempre sob a figura da cortesã para quem o ato de entrega é menos o remate de uma inclinação afetiva do que o cumprimento de uma tarefa profissional. Aliás, a cortesã ocupou uma posição de destaque na sociedade italiana da Renascença, cuja liberdade de costumes se confundia amiúde com a licenciosidade. "Livre de qualquer coerção, sutil, culta, por vezes artista, sempre senhora de si e do seu destino, mas respeitosa da força e da autoridade, ela se eleva a uma posição social muito brilhante."[17] Está claro que existe boa dose de idealização nesse croqui da cortesã renascentista feito por Lo Duca. Dificilmente poderia servir à descrição de todas as 6800 mulheres públicas que havia em Roma nos primórdios do século XVI e que correspondiam a um quinto da população da cidade.[18] Mas, de qualquer modo, tinha a cortesã acesso à corte dos duques, dos príncipes e até mesmo dos papas, e a elas sempre esteve Aretino ligado de

---

17. Lo Duca, *Histoire de l'erotisme* (Paris, Pauvert, 1963), p. 138.
18. Cf. Gustav Regler, *Le divin Arétin — La vie d'un seducteur* (trad. francesa de G. Floquet, Paris, Plon, 1957), p. 36.

perto em seu palácio veneziano à beira do Grande Canal; eram elas quem lhe cuidavam da administração da casa, razão por que ficaram conhecidas como as *aretinas*; delas fez ele as protagonistas não só de *La puttana errante*[19] como também de sua obra-prima, os *Raggionamenti*. Em vários dos *Sonetti lussuriosi*, elas aparecem inclusive referidas pelo nome, como é o caso de Angiola Grecca (soneto 16), de Lorenzina e Ciabattina (soneto 20), e de Beatrice (soneto 25), cortesãs muito conhecidas em Roma à época em que ali viveu o sonetista como valido primeiro de Leão x e depois de Clemente VII.

Sendo o sinal mais ostensivo de uma visão redutora que faz do amor sinônimo de luxúria, a presença exclusiva da cortesã nos *Sonetti lussuriosi* recorda-nos também o sentido por assim dizer "pedagógico" de suas origens. De acordo com a descrição de Vasari, os quadros de Giulio Romano seriam uma espécie de mostruário de posturas amorosas, pelo que se enquadrariam naquele "erotismo posicional" de que fala Lo Duca, encontrável já nos autores da Antiguidade greco-latina, de Aristófanes a Ovídio, de Filênis a Apuleio, mas cuja bíblia é sem dúvida o *Kama-Sutra* de Vatsyayana, obra de sistemática e minuciosa pedagogia erótica. Mesmo que a motivação primeira de Romano tivesse sido o desejo de divertir-se, e aos amigos, dela resultou uma obra de implícito didatismo na medida em que tornava graficamente acessível à compreensão — e à imitação — pormenores da técnica amorosa. Essa nota didática soa ainda mais clara nos sonetos por ela inspirados a Aretino, o qual, de resto, ficou conhecido como o "homem das posturas", não tanto pelos *Sonetti lussuriosi* como pela falsa atribuição a ele de um diálogo onde são enu-

---

19. Para Apollinaire (*L'oeuvre*, cit., p. 13), a paternidade desta obra, atribuída a Lorenzio Venieto, discípulo de Aretino, deve ser restituída a este.

meradas 35 delas.[20] No segundo dos dois sonetos prologais a que já se fez referência, o poeta promete ao leitor mostrar-lhe *modi che mai più non s'è fottuto*, promessa que cuida de cumprir em vários dos sonetos posteriores, como, por exemplo, no soneto 7, onde os amantes executam uma complicada ginástica que põe *le man dove sta i piedi*, no soneto 13 e no 15, onde uma *donna gentil* faculta a um só tempo a dois *amanti* os *amorosi affetti*; no 17, onde a dama calca *la terra com un piè*; no 18, onde põe a *gamba in su la palla* do parceiro; no 19, onde uma *franciosata vecchia* surpreende os amantes no chão possuindo-se *all'improvviso*; no 20, onde é pedido à *donna* que apóie *i piedi al muro* e *stringi le coscie*, no 25, onde o amante se queixa da má posição, *si discomodo* [...] *sospeso in l'un e l'altro braccio*. Ainda mais ilustrativos dessa vertente "pedagógica" são os passos em que *le belle putte* referidas no soneto 2 dialogam com seus clientes, por vezes de idade — donde o tratamento entre zombeteiro e afetuoso que lhes dão de *caro vecchione, vecchio mio, maestro mio* —, orientando-os na execução das *belle facende* igualmente anunciadas no segundo soneto prologal, entre as quais avulta, pela insistência, a comutação *dietro / dinanzi*, a que voltaremos depois. Nesses passos, fica bem marcada a condição de profissional de luxúria da cortesã, protagonista eletiva, portanto, de sonetos que ostentam essa mesma palavra no título, à guisa de estandarte de seu erotismo sem disfarces nem álibis sentimentais.

Vem a propósito, nesta altura, chamar a atenção para o fato de que nem por se haverem inspirado nos quadros de um pintor, são os *Sonetti lussuriosi* picturais ou descritivos. Embora o sonetista apele em várias ocasiões para o sentido visual do leitor (atente-se para os verbos *vedere* e *mirare* nos

20. Apollinaire, idem, p. 1.

sonetos 2, 3 e 4, bem como para o vocativo *spettatori gentili* do soneto 15), é muito mais à sua audição que ele se dirige, pois, em vez de simplesmente descrever o ato amoroso, empenha-se amiúde em figurá-lo mediante o recurso dramático do diálogo. Em boa parte dos *Sonetti lussuriosi*, ouvimos os amantes trocarem comentários, ordens, súplicas, incitações entre si, e é por via dessa fala viva que vamos acompanhando a ação erótica. Acompanhar é a palavra certa, por mais de uma razão. Primeiro porque, nos seus melhores momentos, a arte do sonetista alcança promover-nos de voyeurs passivos dos quadros de Giulio Romano a co-participantes da ação neles figurada, fazendo-nos comungar empaticamente a exaltação de seus protagonistas. Em segundo lugar, porque ela não nos coloca diante de uma cena estática, acabada, mas compele-nos antes a seguir pari passu um processo de intensificação retórica cujo crescendo paraleliza mimeticamente o ritmo do mais intenso dos processos fisiológicos conhecidos do ser humano. Estou falando evidentemente do orgasmo, experiência indizível como o são todas as nossas experiências mais profundas, essenciais, e que a arte dos *Sonetti lussuriosi* busca "dizer", se se me permite o paradoxo. Dizer o indizível é, na verdade, o empenho, de toda poesia digna do nome; a instância mais declarada desse empenho, vamos encontrá-la na obra de um João da Cruz ou de uma Teresa d'Ávila, que quiseram exprimir, nas suas *coplas a lo divino*, a experiência inefável da união da alma com Deus alcançada no êxtase místico. E já que estamos no terreno dos paradoxos, a carnalidade absoluta dos *Sonetti lussuriosi* vai ao encontro da espiritualidade absoluta das *coplas a lo divino*[21] por perseguirem,

---

21. Cf. Damaso Alonso, "El misterio técnico en la poesía de San Juan de la Cruz", em *Poesia española — Ensaio de métodos y limites estilísticos* (Madri, Gredos, 1950).

uns e outras, o objetivo comum de dizer o indizível, seja ele o orgasmo ou o êxtase místico.

No caso dos *Sonetti lussuriosi*, a consecução desse objetivo envolve o recurso ao que se poderia com propriedade chamar uma "retórica do orgasmo". Como opera tal retórica? De que meios se vale para "dizer o indizível"? Comecemos pelo mais óbvio deles, a crueza do vocabulário, principal responsável, ao que tudo indica, pela clandestinidade em que viveu durante quatro séculos a poesia erótica de Aretino, enquanto a de outros poetas de linguagem menos direta pôde circular com relativa liberdade. Escusa arrolar aqui todas as palavras "obscenas" encontráveis com abundância nos 26 sonetos. Bastará lembrar as três mais freqüentes, *cazzo, culo, potta*, termos por que são designadas na linguagem do povo — a linguagem dita "chula" pelos dicionaristas — as partes do corpo humano vinculadas à função sexual. A força ou poder de ênfase dessas palavras não decorre apenas do seu caráter de tabus[22] lingüísticos (testemunhos nisso, para Louis-Jean Calvet, da ideologia de uma sociedade "cristã" pelo "papel restrito concedido à sexualidade: tudo é praticamente e implicitamente condenado, salvo a procriação")[23] aos quais se opõem os numerosos eufemismos, socialmente permissíveis, da linguagem polida; a presença de palavras

---

22. Na conceituação de R. F. Mansur Guérios (*Tabus lingüísticos*, São Paulo, Nacional, 1979, p. 5), "a proibição de dizer qualquer expressão imoral ou grosseira" é um tabu *impróprio*, já que em sentido próprio "o tabu lingüístico é a proibição de dizer certo nome ou certa palavra, aos quais se atribui poder sobrenatural, e cuja infração causa infelicidade ou desgraça".

23. Louis-Jean Calvet, *Saussure: pró e contra — Para uma lingüística social* (trad. M. E. L. Salum, São Paulo, Cultrix, 1977), p. 96. No capítulo 8 desse livro, sob a rubrica "Denotação, conotação, ideologia", encontra-se um curioso e esclarecedor estudo do vocabulário injurioso em francês como veículo de uma "visão ideológica das relações sexuais".

chulas num contexto literário onde a fala culta é de esperar-se constitui flagrante violação da norma. E por violá-la, os *Sonetti lussuriosi* se colocam na classe daqueles discursos *ilícitos* de que fala Michel Foucalt, "discursos de infração que denominam o sexo cruamente por insulto ou zombaria aos novos pudores".[24] Conforme se leu na carta a Battista Zatti, Aretino tinha em mente escarnecer, com seus sonetos, os pudores hipócritas dos que timbravam em "dizer aos olhos que não podem ver o que mais os deleita"; com isso, desempenhavam bem tais sonetos, entre outras, a função catártica atribuída por Havelock Elis à literatura obscena, a seu ver tão necessária ao adulto quanto o conto de fadas às crianças, por oferecer-lhe "um alívio da força opressiva das convenções".[25]

Mas não é só da capacidade de ofender os pudores que o chamado nome feio retira sua eficácia expressiva. Retira-a melhor, e em nível bem mais profundo, da ligação por assim dizer imediata — se confrontada com os desvios da metáfora eufêmica — com as funções excretoras do corpo. Freud mostrou serem essas funções as fontes primevas do prazer, mais tarde especializado na atividade sexual propriamente dita. E a mesma interdição que pesa sobre os deleites mictórios e fecais da primeira infância, condenando-os por anti-sociais, pesa também sobre os nomes imediatos ou não eufêmicos dos órgãos, produtos ou atos com eles relacionados. Essa aura de difuso prazer e precoce interdito, imagem *en abyme* do pecado original, irá coroar para sempre o nome feio, fazendo-o a própria voz do Corpo, obscura e subterrânea voz egótica sistematicamente abafada pelo discurso

24. Michel Foucault, *História da sexualidade*; vol. I, *A vontade de saber* (trad. M. T. C. Albuquerque e J. A. Guilhon Albuquerque, 2ª ed., Rio de Janeiro, Graal, 1977), p. 22.
25. Citado por Henry Miller, op. cit., p. 12.

aristotélico e socializado da Cabeça. A voz do Corpo surde dos confins da linguagem; por refugir às leis da lógica gramatical, não se presta à veiculação de conceitos; cabe-lhe antes dar vazão a emoções impossíveis de verbalizar satisfatoriamente: ira, aversão, espanto, exaltação, êxtase. Daí o termo obsceno ser usado freqüentes vezes como insulto ou exclamação nos momentos em que o léxico de impropérios ou interjeições permissíveis da língua revela-se inadequado para expressar a intensidade dos sentimentos do falante. Entre esses momentos, está o auge do prazer sexual, quando não é incomum os amantes entremearem as palavras de carinho com outras tantas obscenidades.

A voz que ouvimos nos *Sonetti lussuriosi* não é a voz da Cabeça, a comprazer-se em elegâncias metafóricas para manifestar os desconcertos, perplexidades e insatisfações do amor-paixão, mas a voz do Corpo recorrendo à brutalidade do grito para extravasar as lavas do amor-luxúria. Por isso mesmo, a incontinência de sua linguagem vai muito além do mero gosto de *épater*, caracterizando-se como um procedimento artístico. Conforme disse bem Henry Miller: "Quando a obscenidade aparece na arte, em particular na literatura, ela tem habitualmente o valor de um procedimento: o elemento deliberado que nela se encontra nada tem a ver com a excitação sexual, como é o caso da pornografia [...] Seu fito é despertar, comunicar um sentimento da realidade".[26] O sentimento de realidade que os sonetos de Aretino visam a infundir no leitor é a própria verdade do prazer, a qual se coloca acima das limitações e do utilitarismo da moralidade social e só encontra adequada codificação nas *ars erotica*, onde "a verdade é extraída do próprio prazer, encarado como prática e

---

26. Idem, ibidem, p. 25.

recolhido como experiência; não é por referência a uma lei absoluta do permitido e do proibido, nem a um critério de utilidade, que o prazer é levado em consideração, mas, ao contrário, em relação a si mesmo: ele deve ser conhecido como prazer, e portanto, segundo sua intensidade, sua qualidade específica, sua duração, suas reverberações no corpo e na alma".[27] Essa conceituação de Michel Foucault quadra à maravilha aos *Sonetti lussuriosi*, cuja retórica do orgasmo se apresenta como a própria fala do prazer. E nem por terem feito da obscenidade sua linguagem de eleição incorrem eles no pecado da pornografia, tão erroneamente identificada com a obscenidade por Lo Duca, que me parece incorrer em erro não menor ao restringir o erotismo às formas de expressão indiretas, alusivas, simbólicas: "o erotismo reina quando pode ser sugestão, alusão, espera até a obsessão inclusive; desde que o sexo se descubra em estado obsceno — e não simbólico, até decorativo — entramos no mundo fechado e tristemente limitado da pornografia".[28]

Outro procedimento retórico de que se valem os *Sonetti lussuriosi* para articular a fala do prazer é o registro interjectivo. Semelhantemente ao nome feio que com freqüência lhe faz as vezes, a interjeição se situa na fímbria do espectro da linguagem, longe da zona cognitiva ou racional; participando mais da natureza do grito, pré-linguagem, que da linguagem mesmo, ela exerce aquela função "emotiva" ou "expressiva" definida por Jakobson como centrada no falante e que tende "a uma expressão direta da atitude de quem fala em relação àquilo de que está falando".[29] Nos *Sonetti lussu-*

27. Foucault, op. cit., p. 57.
28. Lo Duca, op. cit., p. 8.
29. Roman Jakobson, *Lingüística e comunicação* (trad. I. Blikstein e J. P. Paes, São Paulo, Cultrix, 1969), pp. 123 ss.

*riosi*, salvo as poucas ocasiões em que a elocução é assumida pelo poeta dirigindo-se expressamente ao leitor (sonetos 1, 2, 3, 6, 15 e 26), quem fala são os protagonistas da ação amorosa. Ora o timbre de voz é feminino, ora masculino, já que se trata de amor ortodoxamente heterossexual. Nam sempre é fácil distinguir um timbre do outro. Inexistem sinais gráficos — travessão ou aspas — para indicar mudanças de interlocutor, e essa ambigüidade tem valos estilístico por figurar, em certa medida, a fusão de amante e amada numa só carne. Quanto à "expressão direta da atitude de quem fala em relação àquilo de que está falando", o que se exprime com maior energia na fala dos interlocutores dos sonetos é a agudização do prazer no curso da experiência erótica. Tal agudização, culminada no ponto orgástico, tem sua curva balizada por interjeições e vocativos, sobretudo o *ohimè*, usado com tanta eficácia no final do soneto 20, quando os amantes tentam alcançar o uníssono:

> *Io faccio adesso, e voi quando farete?*
> *Adesso, dammi tutta la linguina.*
> *Ohimè ch'io muoio e voi cagion ne siete!*
> *Dunque voi compirete?*
> *Si, si, già faccio, ohimè spingi, ben mio.*
> *Ohimè già ho fatto, ahi que son morta, o Dio!*

De notar-se no trecho acima, e dentro do âmbito expressivo da interjeição, é a comutabilidade do par opositivo dor/prazer, implícita desde logo no caráter dúplice do *ohimè* e do *ahi*, que tanto podem significar uma como outra dessas sensações contrárias. E a duplicidade chega às raias do paradoxo quando o mais intenso dos prazeres vitais, fonte de perpetuação da vida, é igualado à sua negação, a morte: *ohimè ch'io muio* [...] *ahi que son morta, o Dio!* O paradoxo está ainda mais bem marcado no soneto 9, onde o poeta nos dá um esboço de sua filosofia hedonista ao declarar o prazer erótico o principal objetivo da existência (*Poi che per fotter tutti nati siamo*), a qual sem ele não teria valor algum (*Chè il mondo saria nullo senza questo*). Entretanto, o que releva nesse soneto antológico é uma original interpretação do pecado original, se me desculpam o jogo de palavras:

> *Se dopo morte il fotter fosse onesto,*
> *Direi: fottiamci tanto che moriamo,*
> *Chè di là foterremo Eva ed Adamo,*
> *Che trovorno il morir sì disonesto.*
> *Veramente egl'è ver che se i furfanti*
> *Non mangiavan quel pomo traditore,*
> *So ben che si fottevano gli amanti.*

Recorda-nos aqui o poeta ter sido a perda do dom da imortalidade o castigo imposto ao gênero humano pela culpa de nossos pais primeiros. E como a morte do corpo acarreta a impossibilidade de o prazer carnal durar para sempre, hesitam os amantes em levar seu gozo ao extremo de a própria intensidade dele os matar. Esta agudeza conceptista, que exprime lapidarmente o pesar do homem ante a fugacidade e as limitações do prazer, traz-nos logo à mente o famoso paradoxo de Teresa d'Ávila, *muero porque no muero*, confirmando as afinidades de base entre a retórica do orgasmo e a do êxtase místico.

Aos domínios do paradoxo pertence também o terceiro expediente retórico usado pelo autor dos *Sonetti lussuriosi* para representar a intensidade do arroubo orgástico. Refiro-me ao *adynaton* ou *impossibilia*, figura de estilo conceituada como um exagero que traduz uma impossibilidade e muito usada na lírica amorosa para expressar "o paroxismo do sentimento" que habita o poeta e "o clima de absurdo e semrazão" em que a paixão o mergulha.[30] Preocupando-se os sonetos de Aretino menos com os paroxismos emocionais do amor-paixão que com as efusões puramente carnais do amor-luxúria, é explicável serem seus *adynata* de índole muito especial; pouco têm a ver com as hipérboles postas em moda pelo petrarquismo, do tipo *E nulla stringo, e tutto il mondo abbracio*,[31] usadas pelo nosso Camões com tamanha finura. Poder-se-ia chamar o *adynaton* aretiniano de "impossível anatômico" para sublinhar seu estreito vínculo com a carnalidade a cuja presentificação serve. Ele ocorre quase sempre, coincidentemente com o ápice da curva do prazer, na *colla* do soneto. É o que se pode ver nas peças 8 e 9, onde o "impossível anatômico" do último verso exprime a fúria de penetração do homem, já que em ambas as composições o discurso é inteiramente assumido pela voz masculina:

> *Ohimè! chè già non scema*
> *Il piacer, ma saria maggior all'otta*
> *S'il cazzo entrass'in cul non men ch'in potta!*

No soneto 22, as vozes masculina e feminina se alternam, aquela nos quartetos, esta nos tercetos, no segundo dos quais, e não na *colla*, surge a hipérbole zoológica — e o *adynaton* é um tipo de hipérbole — para veicular a insaciabilidade da mulher:

30. Massaud Moisés, *Dicionátio de termos literários* (São Paulo, Cultrix, 1974), p. 14.
31. Soneto XXIII, "Dice dello stato in cui si trova per cagion di Laura", da edição d'*O cancioneiro de Petrarca* (org. e trad. Jamil Almansur Haddad, Rio de Janeiro, Tecnoprint, 1967).

*Chè non ho meno in cul ch'in potta il foco*
*E quanti cazzi han muli, asini e buoi*
*Non scemerian di tanto ardore un poco.*

Outra hipérbole, igualmente assumida pela voz feminina, irá representar, no soneto 10, a ânsia de eternizar o gozo efêmero:

*Toglietel tutto quanto,*
*L'ho tolto dentro più che volontiere*
*Mas s'ei vi stesse un anno, o bel godere!*

Mas é no admirável soneto 11 que o *adynaton* tipicamente aretiniano, ou "impossível anatômico", alcança o ápice da expressividade. Ali, ele não fica confinado à *colla*, como fecho de ouro, mas difunde-se por toda a composição. Seu poder de ênfase é dinamizado pelos dois disfemismos — designação técnica do nome "feio", em contraposição a eufemismo ou nome "bonito" — em que foi cunhado e que se repetem alternadamente no fim de cada verso, constituindo-se nas duas únicas rimas, repetitivas, obsessivas, que dão ao soneto sonoridades de litania. Uma profana litania da carne entoada por dois amantes que visionariamente aspiram à total sexualização de seus corpos para satisfazer a sede insaciável de gozo:

*Io vorrei trasformarmi tutta in potta,*
*Ma vorrei che tu fossi tutto cazzo.*

Com chegar assim até a quimera do *impossibilia* sexual, a retórica aretiniana do orgasmo se afirma como uma empresa de radicalidade. Donde o brutalismo dos *Sonetti lussu-*

*riosi* quando comparados à dicção mais ou menos florida da poesia impropriamente chamada galante. Neles, nada é indireto; não há diversões nem retardamentos. As preliminares do jogo amoroso, com seu ritual de carícias que servem habitualmente de pretexto para o poeta celebrar os encantos do corpo feminino, estão ausentes deles, que só louvam da mulher, mas sem metáforas paliativas, as partes imediatamente envolvidas no ato da posse: *Culo da far compito il paradiso!/ Potta che stilla i cori per le vene!* (soneto 19). Em compensação, os pormenores do ato, quase sempre tratados de forma elíptica alhures, são, desde os versos iniciais, evocados com vividez numa linguagem que jamais se esquiva da literalidade.

Não seria de todo impertinente ver, nessa ausência de protelações retóricas, um homólogo, no plano do estilo, daquela impetuosidade que distingue o eros masculino, todo ele voltado para o clímax do orgasmo, e com que faz contraste a morosidade do eros feminino. Até nisso se patenteia a ótica vincadamente masculina dos *Sonetti lussuriosi*. A voz feminina que neles soa tantas vezes não é autônoma. É a voz da cortesã a serviço do prazer do homem. Em vez de enunciar seu próprio desejo, ela ecoa o desejo de quem lhe compra os favores, extremando-se em lisonjeá-lo, espicaçá-lo, satisfazer-lhe os caprichos. Dessa diligência resulta a idolatria fálica que pervade todos os sonetos: o brasão da virilidade é cumulado de epítetos (o *cazzo papal* é também *bel, buon, compagno, santo, solenne, nobil, venerabil, d'adamante, bem de Imperatrice, pozzo d'oro*) enquanto são poucos e sóbrios os encarecimentos daquilo que um poeta galante chamaria de mimos de Vênus. A marca mais decisiva do viés masculino dos *Sonetti lussuriosi* está, porém, na freqüência e ênfase com que neles aparece a sodomia, única das variantes de *ars erotica* a merecer-lhes atenção. Ressalte-se ainda que a sodomização não só é aceita pela protagonista feminina mas por ela reclamada às vezes, como no soneto 5, onde, num símile doméstico, a tem por *miglior boccone che mangiar il pan unto presso il foco*; ou no soneto 10, onde declara o *dinanzi* fora de moda e o quer substituir pelo *dietro*, malgrado a relutância do companheiro em *far questo peccato*; ou no soneto 12, onde a chama *fottitura* [...] *la più ghiotta*; ou, enfim, no soneto 24, onde afirma preferi-la para não parecer *un coglione all'antica*. A inverossimilhança de tão ardorosa preferência logo trai o falsete da voz que a enuncia, voz de Príapo — ou quem sabe até de Ganimedes[32] —, jamais de Afrodite. Esta, só a iremos ouvir, autêntica e sem ventriloquia, no soneto 18, quando a mulher, recusando-se a satisfazer a exigência do parceiro, diz-lhe:

> *Ch'il gusto dietro tuo tutto saria,*
> *Ma con il tuo sarà accoppiato il mio;*
> *Sicchè o fotti a mio modo o vanne via.*

A urgência do desejo e o receio de frustrar-lhe a satisfação compelem o homem a, abdicando de sua prepotência sexual, submeter-se:

> *Io non mi levarìa,*
> *Cara signora, da sì dolce ciancia.*
> *Se me lo comandasse il Re di Francia.*

Essa passagem realmente notável encerra, *in nuce*, toda a verdade erótica dos *Sonetti lussuriosi*, a sua moralidade mais

---

32. Haveria certo fundamento biográfico para esta hipótese, pois Apollinaire diz, de Aretino (op. cit., p. 11): "Não desprezava os belos ganimedes, gosto que compartilhava com outros artistas da época: Bazzi, pintor que não se importava de ser chamado Sodoma, Berni, Tasso, Michelangelo".

profunda, se é que se pode falar de moralidade no caso de poemas há quatrocentos anos tidos por imorais. Com ser a única irrupção do eros feminino numa obra onde impera dominadoramente o eros masculino, ela serve para pôr a nu a contradição de base deste último. Pois, como ensina Lo Duca na sua preciosa e já várias vezes aqui citada *Histoire de l'erotisme*, "em todas as civilizações, a dignidade viril é sacrificada e humilhada. O homem pede, mas a mulher tem o poder de dar ou recusar. Desde o esboço de seu primeiro tentame em prol da conquista da mulher, o homem se desviriliza. Aí está a chave do labirinto sexual, que explica o gosto da violação (em todas as suas formas), o gosto do amor venal, a erotofilia. Pelo estupro, o homem sacia o seu desejo sem abdicar. Pelo dinheiro, ele guarda também a inteira liberdade de sua iniciativa. *Solveo* (rompo), logo sou. Praticando o erotismo pelo erotismo, enfim, o homem se reserva intelectualmente a escolha e o controle de suas volúpias".[33] Até parece que os sonetos de Aretino foram escritos no propósito de ilustrar, com o vigor da sua arte sem máscaras, o acerto de tão sábia decifração do enigma do amor, o enigma de o sexo dito forte ter de deixar-se vencer pelo sexo dito fraco, a menos que prefira, para salvar a própria dignidade ou arbítrio, contentar-se com simulacros venais ou coercitivos daquilo cujo maior sabor está precisamente no seu caráter de dom gratuito e voluntário. Pois não são esses sonetos a apologia do "erotismo pelo erotismo", com exclusão de toda a intrincada teia de anseios, esperanças, decepções, alegrias e temores indefiníveis de que ele se envolve na guerra dos sexos e em cuja representação excelia o petrarquismo implicitamente negado por tais sonetos? Pois não testemunha a presença, neles, da cortesã como única parceira sexual, o "gosto

33. P. 18.

do amor venal" com que o homem se dá a ilusão de ter escapado ao jogo de negaças da mulher para impor-lhe, sem contestação, os caprichos de sua tirânica volúpia? Pois não é o *penchant* pela sodomia, reafirmado nos sonetos a cada passo, uma das formas do "gosto da violação", do *solveo ergo sum* com que se vinga a vontade de poder do macho de quem ouse contrariá-la?

A pequena mas reveladora brecha aberta pelo soneto 18 na armadura até então inteiriça da triunfante virilidade dos *Sonetti lussuriosi* de Aretino é um índice da justeza com que eles espelham o *ethos* erótico da Renascença italiana, justeza que também não falta, em outro extremo, à derrotada virilidade do *Canzoniere* de Petrarca, pois uns e outro assinalam os pólos do "notável contraste" observado por Burckardt:

> Quando olhamos mais de perto a ética do amor na época da Renascença, surpreende-nos um notável contraste. Os novelistas e os poetas cômicos dão a impressão de que o amor consiste apenas em prazer sensual, e de que, para alcançá-lo, todos os meios, trágicos ou cômicos, são não apenas permissíveis como interessantes na medida de sua audácia e falta de escrúpulos. Mas ao nos voltarmos para os melhores poetas líricos e autores de diálogos, encontramos uma profunda paixão espiritual, de grande nobreza, cuja expressão mais alta e mais extrema é um reflorescimento da antiga crença na unidade original das almas no seio da Divindade.[34]

Virilidade uma só vez desafiada no erotismo aberto dos

---

34. *A civilização da Renascença na Itália*, parte VI, em *Burckardt — The civilization of the Renaissance in Italy and other selections* (org. Alexander Dru, Nova York, Washington Square Press, 1966), pp. 255 ss.

*Sonetti lussuriosi* ou quase de todo emasculada na tortuosa[35] espiritualidade do *Canzoniere* — pouco importa, já que entre o *só* e o *quase* há espaço bastante para a contraditória verdade do amor, da Renascença, de nossos dias, de todos os tempos.

*J. P. P.*

---

35. Tortuosa na medida em que subjazia a ela uma pulsão erótica sublimada; como diz Jamil Almansur Haddad (op. cit., p. 23): "A divina Laura estreme-ce de vibrações terrenas, o seu sangue tem por vezes frêmitos sensuais".

# SONETOS LUXURIOSOS

# 1

Questo è un libro d'altro che sonetti,
Di capitoli, d'egloghe o canzone,
Qui il Sannazaro o il Bembo non compone
Nè liquidi cristalli, nè fioretti.

Qui il Marignan non v'ha madrigaletti,
Ma vi son cazzi senza discrizione
E v'è la potta e 'l cul, che li ripone
Appunto come in scatole confetti.

Vi son genti fottenti e fottute
E di potte e di cazzi notomie
E ne' culi molt'anime perdute.

Qui vi si fotte in più leggiadre vie,
Ch'in alcun loco si sien mai vedute
Infra le puttanesche gerarchie;

In fin sono pazzie
A farsi schifo di si buon bocconi
E chi non fotte in cul, Dio gliel perdoni.

# 1

Mais que sonetos este livro aninha,
Mais que éclogas, capítulos, canções.
Tu, Bembo ou Sannazaro, aqui não pões
Nem líquidos cristais e nem florinhas.

Marignan madrigais não escrevinha
Aqui, onde há caralhos sem bridões,
Que em cu ou cona lépidos dispõem-se
Como confeitos dentro da caixinha.

Gente aqui há que fode e que é fodida,
De conas e caralhos há caudal
E pelo cu muita alma já perdida.

Fode-se aqui com graça sem igual,
Alhures nunca assaz reproduzida
Por toda a jerarquia putanal.

                    Enfim loucura tal
Que até dá nojo essa iguaria toda,
E Deus perdoe a quem no cu não foda.

# 2

Qui voi vedrete le reliquie tutte
Di cazzi orrendi e di potte stupende,
Di più vedrete a far quele faccende
Allegramente a certe belle putte.

E dinanzi e di dietro darle tutte
E nelle bocche le lingue a vicende,
Che son cose da farne le leggende,
Altro che di Morgante e di Margutte.

Io so che gran piacer n'avrete avuto
A veder dare in potta e 'n cul la stretta
In modi che mai più non s'è fottuto.

E come spesso nel vaso si getta
L'odor del pepe e quel de lo stranuto,
Che fanno stranutar con molta fretta.

Così nella barchetta
Del fotter, all'odor, cauti siate,
Ma dal satiro qui non imparete.

# 2

Aqui toda relíquia se desfruta —
Caralho horrendo, cona resplendente,
Aqui vereis fazer alegremente
O seu ofício muita bela puta.

Na frente, atrás, em valerosa luta,
E a língua a ir de boca a boca, ardente
— Sucesso mais lendário certamente
Que os feitos de Morgante ou de Marguta.

Que notável prazer não tereis tido
De ver a cona ou o cu nessa apertura,
Em modos incomuns de ser fodido.

E como o vaso do odor se satura
Da pimenta ou rapé ali retido
(O mesmo que a espirrar nos apressura),

           Cuidado haveis de ter,
A bordo da barquinha de foder,
Com esse odor que o sátiro conjura.

# 3

Per Europa godere in bue cangiossi
Giove, che di chiavarla avea desio,
E la sua deità posta in obblio,
In più bestiali forme trasformossi.

Marte ancor cui perdè li suoi ripossi,
Che potea ben goder perchè era Dio,
E di tanto chiavar pagonne il fio,
Mentre qual topo in rete pur restossi.

All'incontro costui, che qui mirate,
Che pur senza pericolo potria
Chiavar, non cura potta nè culate.

Questa per certo è pur coglioneria
Tra le maggiori e più solennizzate
E che commessa mai al mondo sia.

Povera mercanzia!
Non lo sai tu, coglion, ch'è un gran marmotta
Colui che di sua man fa culo e potta.

# 3

Para gozar Europa, em boi mudou-se
Jove, pelo desejo compelido,
E em mais formas bestiais, posta no olvido
A sua divindade, transformou-se.

Marte perdeu também aquele doce
Repouso a um Deus somente consentido,
Por ser muito trepar foi bem punido,
Qual rato que na rede embaraçou-se.

Este que ora mirais, em contradita,
Podendo, sem perigo, a vida inteira
Trepar, a cu nem cona se habilita.

Pois isso, que é sem dúvida uma asneira
Inaudita, solene, verdadeira,
Nunca mais neste mundo se repita.

      Insossa brincadeira!
Pois não sabes, meu puto, que é malsão
Fazer boceta e cu da própria mão?

# 4

Questo cazzo vogl'io più che un tesoro!
Questo è quel ben, che mi può far felice!
Or questo sì che è ben da Imperatrice!
Questa gemma val più d'un pozzo d'oro!

Ohimè, mio cazzo, aiutami ch'io moro.
Questo si trova il fondo alla matrice;
Insomma un cazzo piccolo disdice
Se nella potta vuol serbar decoro.

Padrona mia, voi dite ben il vero,
Che chi piccolo ha il cazzo e 'n potta fotte
Merta aver di fresc'acque un bel cristero.

Chi poco n'ha in cul fotta il dì e la notte,
Ma chi l'ha, com'io l'ho spietato e fiero,
Si sbizzarrischi sempre nelle potte.

L'è ver, noi siamo ghiotte
Del cazzo tanto e tanto ci par lieto
Che lo torremmo al pari avanti e dietro.

# 4

Este caralho é mais do que um tesouro!
É o bem que pode me fazer feliz!
Este sim é que é bem de Imperatriz!
Vale esta gema mais que um poço de ouro!

Acode-me, caralho, que eu estouro!
Vê se encontras o fundo da matriz;
Um caralho pequeno se desdiz
Quando na cona quer guardar decoro.

Estás dizendo a verdade, ó mulher;
Quem caralho pequeno em cona enfia
Merece, de água fresca, um bom clister.

Esses devem foder cu, noite e dia.
Já quem o tem, como eu, brutal, feroz,
Somente na boceta se sacia.

     Sim, é verdade, mas
O caralho nos dá tanta alegria
Que nossa gula o quer na frente e atrás.

# 5

Mettimi un dito in cul, caro vecchione,
E spingi il cazzo dentro a poco a poco;
Alza ben questa gamba e fa buon gioco,
Poi mena senza far ripetizione.

Chè per mia fe' quest' è il miglior boccone
Che mangiar il pan unto presso il foco;
E s'in potta ti spiace, muta loco,
Ch'uomo non v'è che non sia buggerone.

In potta tel farò per questa fiata
Ed in quest'altra e 'n potta e 'n cul il cazzo
Mi farà lieto e tu lieta e beata.

E chi vuol esser gran maestro è pazzo
Ed è proprio un uccel perde giornata
Chi d'altro che di fotter ha sollazzo.

E crepi in un palazzo
Ser Cortigian e aspetti ch'il tal muoja,
Ch'io bramo per me sol trarme la foja.

# 5

Põe-me um dedo no cu, velho pimpão,
Mete-lhe dentro o pau, mas sem afogo;
Levanta bem a perna, faz bom jogo,
Depois mexe, mas sem repetição.

Por minha fé, isto é melhor ração
Do que pão com alho e óleo junto ao fogo;
Se a cona te desgosta, muda logo.
Há homem que não seja um mau vilão?

Na cona hei de foder-te boa data
De vezes, pois em cona ou cu entrando,
O pau faz-me feliz e a ti beata.

Quem quer ser mestre é louco e é tolo quando
Por alheios prazeres malbarata
O tempo em que devia estar trepando.

Pois finda-te, esperando
Num palácio, que o tal morra, senhor
Cortesão, que eu sacio meu ardor.

# 6

Miri ciascun di voi ch'amando suole
Esser turbato da sì dolce impresa,
Costui ch'a simil termine non pesa
Portarla via fottendo ovunque vuole.

E senza andar cercando per le scuole
Di chiavar verbi gratia alla distesa,
Far ben quel fatto impari alla sua spesa
Qui che fotter potrà senza parole.

Vedi com'ei l'ha sopra delle braccia
Sospesa con le gambe alte a'suoi fianchi
E par che per dolcezza si disfaccia.

Nè già si turban perchè sieno stanchi,
Anzi par che tal gioco ad ambo piaccia,
Sì che bramin fottendo venir manchi.

E per diritti e franchi
Ansano stretti a tal piacere intenti
E fin che durerà saran contenti.

# 6

Atenta bem, ó tu que amando estás
E a quem turva tão doce empreendimento,
Neste que leva a cabo tal intento
Ledamente fodendo onde lhe apraz.

Sem de qualquer escola andar atrás
Por trepar *verbi gratia* a todo tento,
Fará feito sem-par e a seu contento
O que possa foder sem ser loquaz.

Vede como nos braços a levanta
Ele, que as pernas dela tem dos lados
E como de prazer já se quebranta.

Não se perturbam por estar cansados,
Mas o jogo lhes dá ardência tanta
Que fodendo queriam-se finados.

                       E retos, sem cuidados,
Ofegam juntos, de prazer frementes,
E enquanto ele durar, estão contentes.

# 7

Tu m'hai il cazzo in potta, in cul mi vedi,
Ed io vedo il tuo cul com'egli è fatto,
Ma tu potresti dir ch'io sono un matto
Perchè tengo le man dove sta i piedi.

Ma s'a cotesto modo fotter credi,
Credilo a me, che non ti verrà fatto,
Perchè assai meglio al fottere io m'adatto
Quando col petto sul mio petto siedi.

Vi vuo' fotter per lettera, comare,
E vuo' farvi nel cul tante ruine
Colle dita, col cazzo e col menare,

Che sentirete un piacer senza fine.
Io non so che più dolce, che gustare
Da Dee, da Principesse e da Regine,

E mi direte alfine
Ch'io son un valent'uomo in tal mestiero,
Ma d'aver poco cazzo mi dispero.

# 7

Tens-me o pau na boceta, o cu me vês;
Vejo-te o cu tal como ele foi feito.
Dirás que do juízo sou suspeito
Porque nos pés eu tenho as mãos, em vez.

Mas se em tal modo de foder tu crês,
Confia em mim, assim não será feito,
Porque eu na foda bem melhor me ajeito
Se meu peito do teu sente a nudez.

Ao pé da letra quero-vos foder
O cu, comadre, em fúria tão daninha,
Com dedo, com caralho e com mexer,

Que vosso gozo nunca se definha.
Pois não sei que é dulcíssimo prazer
Provar deusas, princesas ou rainha?

Mas direis, escarninha,
Que embora eu seja em tal mister sublime
O ter pouco caralho me deprime.

# 8

Questo è un cazzo papal, se tu lo vuoi,
Faustina, o 'n potta o 'n cul, dimmelo pure,
Perchè rare a venir son le venture;
Lo terrò in potta, se volete voi.

In culo tel porrei, ma dacchè vuoi
Così, stenditi bene e mena pure,
Chè non avrà di queste fatte cure
Donna che bella sia, qual suol fra noi.

Spingi ben mio, e fa che la siringa
Del mio bel cazzo formi un bel poema.
Spingi, cor mio, ancor rispingi e spingi.

Ponmi una mano al cul, con l'altra stringi
E abbraccia stretto e porgimi la lingua,
Mena, mio ben, oh che dolcezza estrema!

Ohimè! chè già non scema
Il piacer, ma saria maggior all'otta
S'il cazzo entrass'in cul non men ch'in potta!

# 8

Um caralho papal, Faustina, é este.
Pois diz-me onde melhor se te afigura
— Em cona ou cu, que rara é a ventura.
Na cona te porei, se a elegeste.

Mas se no cu o queres, então neste
Há de entrar. Mexe agora com brandura.
Uma bela mulher nunca se apura
Se recebê-lo como o recebeste.

Aperta-o, meu bem, faz da seringa
Do meu belo caralho igual poema;
Aperta, coração, de novo aperta.

Uma das mãos põe-me no cu, oferta-
Me tua língua, abraça-me, vai, ginga,
Mexe, meu bem, oh! que doçura extrema!

Meu Deus, tanto se estrema
O prazer, que um prodígio se ambiciona:
O pau fodendo juntos cu e cona.

# 9

Fottiamci, vita mia, fottiamci presto,
Poi che per fotter tutti nati siamo,
E se il cazzo ami tu, la potta io bramo,
Chè il mondo saria nullo senza questo.

Se dopo morte il fotter fosse onesto,
Direi: fottiamci tanto che moriamo,
Chè di là fotteremo Eva ed Adamo,
Che trovorno il morir sì disonesto.

Veramente egl'è ver che se i furfanti
Non mangiavan quel pomo traditore,
So ben che si fottevano gli amanti.

Ma lasciamo le ciance e sino al core
Ficchiamo il cazzo e fa che mi si schianti
L'anima, che nel cazzo or nasce or muore

E se possibil fore
Vorrei por nella potta anche i coglioni
D'ogni piacer fottuti testimoni.

# 9

Fodamos, meu amor, fodamos presto,
Pois foi para foder que se nasceu,
E se amas o caralho, a cona amo eu;
Sem isto, fora o mundo bem molesto.

Fosse foder após a morte honesto,
"Morramos de foder!" seria o meu
Lema, e Eva e Adão fodíamos por seu
Invento de morrer tão desonesto.

É bem verdade que se esses tratantes
Não comessem do fruto traidor,
Eu sei que ainda fodiam-se os amantes.

Mas caluda e me enfia sem temor
Esse pau que à minha alma, em seus rompantes,
Faz nascer ou morrer, dela senhor.

       E se possível for,
Quisera eu pôr na cona estes colhões
Que de tanto prazer são espiões.

# 10

In cul lo voglio. Mi perdonerai,
Donna, io non vuo' far questo peccato,
Perchè quest'è sol cibo da prelato,
Ch'hanno il gusto perduto sempremai.

Deh, mettil qua. Nol farò. Tu il farai,
Perchè non s'usa più dall'altro lato,
id est in potta, ed oggidì è più grato
Il cazzo dietro che dinanzi assai.

Da voi voglio lasciarmi consigliare,
Il cazzo è vostro, or se vi piace tanto,
Come cazzo gli avete a comandare;

Io l'accetto, è già mio; spingi da canto
Più su, più giù, ei va senza sputare,
O cazzo buon compagno, o cazzo santo!

Toglietel tutto quanto,
L'ho tolto dentro più che volontiere,
Ma s'ei vi stesse un anno, o bel godere!

# 10

Eu o quero no cu. Mulher, tu me hás
De perdoar se evito tal pecado,
Pois isso é iguaria de prelado
A quem já outro gosto não compraz.

Vai, mete-o aqui. Não. Sim, fá-lo-ás,
Porque não se usa mais deste outro lado,
*Id est* em cona; agora, mais agrado
Que na frente o caralho faz atrás.

Eu convosco me quero aconselhar;
Este caralho é vosso e se ele tanto
Vos deleita, só tendes que ordenar.

Eu o aceito, é meu; mete-o de canto,
Mais alto, e fundo, vai sem cuspinhar,
Oh, caralho leal, caralho santo!

                  Pois tomai-o quanto
Voz praza. Dentro ansiei por o acolher;
Se aqui ficassem um ano, que prazer!

# 11

Perchè io provi un sì solenne cazzo,
Che mi rovescia gli orli della potta,
Io vorrei trasformarmi tutta in potta,
Ma vorrei che tu fossi tutto cazzo.

Che se tutta foss'io potta e tu cazzo,
Io sfamerei a un tratto la mia potta
E tu trarresti anco dalla potta
Tutto il piacer che ne può trarre un cazzo.

Ma non potendo io esser tutta potta,
Nè tu del tutto divenir un cazzo,
Ricevi il buon voler della mia potta.

E voi pigliate del mio poco cazzo
L'animo pronto e 'n giù la vostra potta
Calate, mentre in su spingo il mio cazzo,

E dopo sopra il cazzo
Lasciatevi andar tutta con la potta,
Ch'io sarò cazzo e voi sarete potta.

# 11

Para provar tão célebre caralho,
Que me derruba as orlas já da cona,
Quisera transformar-me toda em cona,
Mas queria que fosses só caralho.

Se eu fosse toda cona e tu caralho,
Saciaria de vez a minha cona,
E tirarias tu também da cona
Todo o prazer que ali busque o caralho.

Mas não podendo eu ser somente cona,
Nem inteiro fazeres-te caralho,
Recebe o bem-querer da minha cona.

E vós tomai, do não assaz caralho,
O ânimo pronto; baixai a vossa cona,
Enquanto enfio fundo o meu caralho.

        Depois, sobre o caralho
Abandonai-vos toda com a cona,
Que caralho eu serei, vós sereis cona.

# 12

Spingi e rispingi e spingi ancora il cazzo
In cul a questa, che mai l'ebbe in potta,
Chè questa fottitura è la più ghiotta,
Che piacque a donna, a cui ben piacque il cazzo.

Veder potete voi s'io mi ci ammazzo
E che di me non v'è chi meglio fotta,
Che quasi l'una e l'altra è già corrotta.
Nè provasi giammai maggior sollazzo.

E' ver, ben mio, ma mena con più fretta,
Indietro spingi il cazzo, ahi mena inante,
Io meno, io faccio, amor si mi diletta!

O bella prova d'un fedele amante!
Far corromper due volte in fretta in fretta
Ed egli sempre star duro e costante.

Cazzo mio d'adamante!
Ben posso dir ch'io godo, anima mia,
Amor ti salvi ed ognor teco sia!

# 12

Mete e volta a meter o teu caralho
No cu desta que em cona não o goza
Porque esta fodedura é mais gostosa;
Praz à mulher a quem praza o caralho.

Vós podeis ver com quanto ardor batalho,
Pois em foder não há mais valorosa.
Quase toda hoje em dia é viciosa.
Que deleite encontrar de melhor talho?

Certo, meu bem, mas mexe mais depressa.
Mete o caralho atrás, ai! mexe, avante!
Que eu mexo sem parar, de amor possessa.

Oh, bela prova de um fiel amante!
Duas vezes cumprir, à pressa, à pressa,
Com ele sempre rígido e constante.

     Caralho de diamante!
Posso dizer que gozo-te, alma minha,
Amor te guarde e te honre em toda linha.

# 13

Non più contrasto, orsù, tutto s'acchetti
Spartitevi tra voi questa ricotta,
Uno si pigli 'l cul, l'altro la potta,
Dando principio agli amorosi affetti.

Nel ben fottere ognuno si diletti
E pensi in usar ben cosa si ghiotta,
Perchè alla fine il culo ovver la potta
Sono del bello e buon dolci ricetti.

Io vi consiglio in ciò, fate a mio modo,
Nè in risse o questïoni dimorate,
Ognun nel buco spinga il duro chiodo.

E se per caso ad ambo le culate
Piacesser, perchè là si fotte sodo,
Dopo il fotter il buco ricambiate.

Benchè sia da buon Frate
Lasciar l'ovato e dare in brocca al tondo,
Solo per dominare tutto il mondo.

# 13

Chega de briga, sus, tudo se ajeita.
Reparti a iguaria saborosa:
Um põe no cu, na cona o outro se entrosa,
Dando princípio à amorosa empreita.

Atenda cada qual ao que deleita,
Foder bem, usar coisa tão gostosa,
Porque no fim em cona ou cu se goza
Pela mesma dulcíssima receita.

Nisto fazei do modo como alego:
Em rixas nem questões vos retardeis,
Cada qual no buraco meta o prego.

Se na culatra os dois vos comprazeis,
Por foder-se ali sério (não o nego),
Noutra foda o buraco trocareis.

Mas o bom Irmão, eis
Que deixa o oval e no redondo a fundo
Entra, só para dominar o mundo.

# 14

Ohimè la potta, ohimè! Crudel, che fai
Con questo così grosso, orrendo cazzo?
Taci, cor mio, chè così gran sollazzo
Non ci cangi il padrone in stenti e guai.

E se del fotter mio piacer non hai,
Fatti pur verso me qui dallo spazzo,
Chè se sino ai coglion dentro va il cazzo,
Dolcezza assai maggior ne sentirai.

Eccomi pronta, o fido servo caro,
Fa di me le tue voglie e in faticarte
Per ben servir non esser punto avaro.

Non dubitar, ben mio, ch'io voglio darte
Si ghiotta fottitura e in modo raro,
Ch'invidia n'averam Venere e Marte.

Potrebbe in potta entrarte,
Dimmi di grazia, il più superbo rulo?
In potta no, ma il ciel mi guardi in culo.

# 14

Ai, minha cona, ai! Cruel, que fazes
Com caralho tão grosso, tão horrendo?
Caluda, coração, que assim gemendo
Teu senhor não recreias nem aprazes.

E se no meu foder não te comprazes,
Abre espaço bastante que te atendo,
O pau até os colhões em ti metendo
Para dar-te prazer dos mais verazes.

Eis-me aqui pronta, oh, fido servo caro,
Faz como queiras e em afadigar-te
Por bem servir não te mostres avaro.

Não duvida, meu bem, que quero dar-te
Fodida tão gostosa, em modo raro,
Que inveja sentirão Vênus e Marte.

Podia a cona entrar-te,
Diz por favor, o mais soberbo nabo?
A cona sim, mas Deus me guarde o rabo.

# 15

Spettarori gentili, qui riguardate
Una che in potta e in culo può saziarsi
E in mille modi a fotter dilettarsi
E dee suoi modi far potta e culate.

Certo non già che tre contenti siate
Se dirà mia mercè, chè a tutti scarsi
Sono il gusto, il goder, il dilettarsi
E tutti tre in un tempo v'acchiappate.

Tre in un tempo contenti far tu puoi,
Donna gentil, e sarà cosa ghiotta,
Gustosa e delicata, se tu vuoi.

Nè presso i saggi parerai merlotta
E contenti farai gli amanti tuoi,
Il culo a l'un, dando a l'altro la potta;

E sarà cosa dotta
Tre contentare in un tempo stesso,
Loro e te ancor nell'uno e l'altro sesso.

# 15

Gentis espectadores que admirais
Esta que em cona e cu pode saciar-se,
Em mil modos de foder deleitar-se
E a seu modo gozar na frente e atrás.

Os três contentes, certo, bem estais.
Por minha fé que escassos de encontrar-se
São o gosto, o gozar, o deleitar-se.
Eis que os três a um só tempo desfrutais.

Podes os três a um tempo comprazer,
Dama gentil. Será coisa excelente,
Gostosa e delicada. É só querer.

Tola não te achará a sábia gente
De a dois amantes dar igual prazer,
Um por detrás e o outro pela frente.

               É coisa inteligente
Ao mesmo tempo três serem servidos,
Eles e tu, em ambos os sentidos.

# 16

Marte, mal assestissimo poltrone,
Così sotto una donna non si reca
E non si fotte Venere alla cieca,
Con molta furia e manco discrezione.

Io non son Marte e son Ercol Rangone
E fotto voi, che sete Angiola Greca,
E s'or qui meco avessi la ribeca,
Vi fotterei suonando una canzone.

E voi, signora mia dolce consorte,
Nella potta ballar fareste il cazzo
Menando il cul ed in spingendo forte.

Signor, io con voi facendo sguazzo
Temo che amore non mi dia la morte
Con le vostr'armi essendo cieco e pazzo.

Cupido è mio ragazzo,
E come figlio guarda l'arma mia
Per sacrarla alla dea poltroneria.

# 16

Marte, meu basbaquíssimo poltrão,
Por sob uma mulher não se pespega
Assim e Vênus não se fode à cega,
Com fúria tal, tão pouca discrição.

Não sou Marte, sou Hércules Rangão
E vos fodo, que sois Angiola a Grega.
Viola eu tivesse aqui, nesta refrega,
Vos foderia ao som de uma canção.

Vós, senhora, que sois doce consorte,
Me faríeis na cona o pau contente
Bailar, mexendo o vosso cu bem forte.

Senhor, com vós fazendo calda ardente,
Eu temo não me dê amor a morte
Com vossas armas, que cego é, demente.

     Cupido é meu servente.
Como filho, minha arma ele a vigia
Para ofertá-la à deusa da mandria.

# 17

Sta cheto, vecchio mio, sta via, pur sta,
Spingi, maestro mio, spingi che v'è,
Dammi la dolce lingua, io muoio ohimè,
Il tuo gran cazzo all'anima mi va!

Signora, adesso adesso vi entrerà,
Calcate voi la terra con un piè,
E sarà un buon servizio, per mia fe',
Chè ora compiremo, deh via fa.

Io son contento, io calco, io meno, io fo,
Calca, mena, faticati ancor tu,
Mammina a posta vostra compirò.

Non far, fermati, aspetta un poco più,
Chè tal dolcezza in questo fotter ho
Ch'io non vorrei che ne finisse più.

Orsù, Madonna, orsù,
Fate di grazia ancora voi così:
Io faccio e tu non fai? signora sì.

# 17

Fica quieto, meu velho, sobrestá.
Enfia, mestre meu, enfia até
O cabo, dá-me a língua, eu morro, olé!
Teu caralho à minha alma chegará.

Senhora, agora mesmo ele entrará
Todo em vós; sobre a terra ponde o pé.
Bom serviço será, por minha fé,
Este que ora faremos. Vamos lá.

De satisfeito, vou e volto, vou
E volto. Faz o mesmo: mexe e sua.
Mamãe! bem perto de acabar estou.

Não acabes, contém a pressa tua,
Tal doçura esta foda me brindou
Que anseio por que nunca se conclua.

Eia, Madona, e u'a
Mercê — a de acabar — fazei por mim:
Eu acabo e tu não? Senhora, sim.

# 18

Poggiami questa gamba in su la spalla
E levami dal cazzo anco la mano,
E quando vuoi ch'io spinga o forte o piano,
Piano o forte col cul sul letto balla.

E s'il cul dalla potta il cazzo falla,
Dimmi che son furfante empio e villano,
Perch'io conosco dalla vulva all'ano,
Come conosce il caval la cavalla.

La man dal cazzo non vuo' levar io,
Non farò io giammai questa pazzia
E se non vuoi così, vatti con Dio.

Ch'il gusto dietro tuo tutto saria,
Ma con il tuo sarà accoppiato il mio;
Sicchè o fotti a mio modo o vanne via.

Io non mi levarìa,
Cara signora, da sì dolce ciancia.
Se me lo comandasse il Re di Francia.

# 18

Esta perna ora cuida de apoiá-la
Em meu ombro e do pau me tira a mão.
Se queres que eu depressa foda ou não,
Lento ou célere o cu no leito embala.

E se da cona ao cu o pau resvala,
Diz-me que sou um biltre ou um vilão,
Porque da vulva ao ânus a feição
Sei tão bem quanto o cavalo à cavala.

A mão do pau não a quero tirar,
Tal sandice eu jamais cometeria.
Vai com Deus, se tens outro paladar.

Pois atrás o prazer só teu seria;
Com o teu meu prazer se há de juntar.
Fode, pois, a meu modo ou te desvia.

           Eu não me afastaria,
Senhora, de tão doce algaravia,
Mesmo que o rei de França mo exigia.

# 19

Apri le coscie acciò ch'io vegga bene
Il tuo bel cul e la tua potta in viso,
Culo da far compito il paradiso!
Potta che stilla i cori per le vene!

Mentre ch'io vi vagheggio, ecco mi viene
Capriccio di baciarvi all'improvviso
E parmi bello assai più di Narciso
Nel specchio ch'il mio cazzo allegro tiene.

Ah, ribalda! ah, ribalda! entra nel letto!
Io ti veggo, puttana, or t'apparecchia,
Ch'io ti rompo le costole del petto.

Io te n'incaco, franciosata vecchia!
Chè per questo piacere arciperfetto
Mi calerei 'n pozzo senza secchia;

E non si trova pecchia
Chiotta, come son io, d'un nobil cazzo,
Onde s'io il provo, per miracol sguazzo.

# 19

Abre as coxas a fim de eu poder bem
Ver-te da cona e cu o belo viso.
Cu de fazer completo o paraíso!
Cona que põe-me o sangue num vaivém!

Enquanto eu vos cortejo, eis que me vem
Capricho de beijar-vos de improviso
E pareço mais belo que Narciso
No espelho que o meu pau alegre tem.

Ah! ribalda, ribalda, já no leito!
Vejo-te, puta; fica preparada
Que hei de romper-te as costelas do peito.

Vou enrabar-te, velha engalicada!
E para este prazer arquiperfeito
Eu descerei num poço sem aguada.

       À abelha não agrada
Mais a flor quanto a mim um nobre nabo:
Mal o provei e toda já me acabo.

# 20

Dammi la lingua, punta i piedi al muro,
Stringi le coscie e tiemmi stretto stretto,
Lascia che vada a traversare il letto,
Chè d'altro che di fotter non mi curo.

Ah traditore! hai il cazzo molto duro,
Oh come in su la potta mi confetto,
Un dì di torlo in culo ti prometto
E di farlo uscir netto t'assicuro.

Io vi ringrazio, cara Lorenzina,
M'ingegnerò servirvi; or via spingete
Appunto come fa la Ciabattina.

Io faccio adesso, e voi quando farete?
Adesso, dammi tutta la linguina.
Ohimè ch'io muoio e voi cagion ne siete!

Dunque voi compirete?
Sì, sì, già faccio, ohimè spingi, ben mio.
Ohimè già ho fatto, ahi che son morta, o Dio!

# 20

Dá-me essa língua, apóia os pés no muro,
Cerra as coxas, aperta-me ao teu peito,
Deixa que fique de través no leito,
Que de al que não foder eu me descuro.

Ah! traidor, teu pau é muito duro.
Oh! como já na cona me confeito.
Prometo que no cu um dia o aceito
E o faço sair limpo, te asseguro.

Eu te agradeço, cara Lorenzina,
Empenho-me em servir-vos; mexe, então,
Do modo como mexe a Ciabattina.

Acabo agora, e vós em que ocasião?
Agora dá-me a língua pequenina.
Ai que eu me morro e vós sois a razão!

           Acabareis, pois não?
Sim, sim, acabo, oh! mexe, sonhos meus.
Ah! acabei, ai que estou morta, oh Deus!

# 21

Sta su, non mi far male, ohimè sta su!
Sta su, crudele, se non morirò;
Lasciami stare perch'io griderò;
Ahi, qual dolore! Ohimè non posso più!

Vita mia, non gridar, sta un poco giù,
Lasciami fare e soffri ch'io farò,
Più dentro ancor, più piano ch'io potrò;
Se taccio che mi duol, non gridar tu;

Ohimè, crudel, ohimè, lasciami andar;
Guarda che fai, deh non mi tor l'onor,
Se mi vuoi ben, deh non mi far gridar.

Caro mio cor, non più gridar, amor,
Quest'è tuo ben, sta giù, non mi stentar,
Chè sempre il dolce vien dopo il dolor.

E per servirti ancor
Te 'l farò in cul, ben mio, che non avrai
Dolor sì grande e l'onor salverai.

# 21

Pára com isso, pára, mal me faz!
Pára, cruel, senão eu morrerei;
Deixa-me em paz ou então gritarei;
Ai que dor, eu não agüento, é demais!

Vida minha, contém um pouco os ais.
Deixa-me agir, suporta, que o porei
Mais dentro inda, tão suave quanto sei;
Se calo o que me dói, não grites mais.

Ai de mim, cruel, deixa-me escapar.
Vê o que fazes contra o meu candor.
Se me queres, não faças eu gritar.

Não grites mais, coração meu, amor.
Tem calma, não me impeças, vais gostar,
Que o prazer sempre vem depois da dor.

E sirvo-te melhor
Pondo-o no cu, meu bem, pois não terás
Já dor tão grande e o candor salvarás.

# 22

Oh saria ben una coglioneria
Sendo in potestà mia fottervi adesso,
Avendo il cazzo nella potta messo,
Del culo mi facessi carestia.

Finisca in me la mia genealogia,
Ch'io vo' fottervi dietro spesso spesso,
Poichè è più differente il cul dal fesso
Che l'acquarola dalla malvasia.

Fottimi e fa di meciò che tu vuoi
O in potta o in cul, ch'io me ne curo poco
Dove che tu ci facci i fatti tuoi.

Chè non ho meno in cul ch'in potta il foco,
E quanti cazzi han muli, asini e buoi
Non scemerian di tanto ardore un poco.

E saresti un dappoco
A farmelo in la potta, usanza antica,
Chè s'io foss'uomo non vorrei mai fica.

# 22

Que grandíssima asneira não seria,
Estando eu a foder-vos decidido,
O caralho na cona já metido,
Se do cu me fizesse carestia.

Finde-se em mim minha genealogia
Que atrás quero foder-vos, repetido.
Cu e greta têm menos parecido
Do que a tisana com a malvasia.

Faz de mim o que tenhas por tenção;
Em cona ou cu, a mim me importa pouco
Onde busques alívio do tesão.

Pois numa e noutro tenho um fogo louco
E caralho de mulo ou garanhão
Tanto ardor não minguava nem um pouco.

E seria descoco
Foder na frente, que é moda obsoleta.
Se homem eu fosse, não comia greta.

# 23

Questo è pure un bel cazzo lungo e grosso.
Se m'ami, o caro, lasciamel vedere,
Vogliam provare s'io saprò tenere
Questo cazzo in la potta, or monta addosso.

Come s'io el vo' prova? Come s'io posso?
Piuttosto questo che mangiare e bere;
Ma s'io vel metto poi stando a sedere
Farrovvi mal...? Quest'è il pensier del Rosso!

Gettati dunque in letto e nello spazzo
Sopra di me, chè se Marforio fosse
O un gigante di bronzo avrei sollazzo.

Perchè mi tocchi le midolla e l'osse
Con questo tuo sì venerabil cazzo,
Che guarisce la potta dalla tosse.

Aprite ben le cosse,
Che potrem delle donne aver vedute
Meglio vestite sì, ma non fottute.

# 23

Este é um belo caralho, longo e grosso.
Se me amas, querido, deixa-mo ver.
Vamos provar se poderei meter
Na cona, cavalgando-te, este troço.

Como? Provar? O quê? Esse colosso?
Quero-o mais que comer ou que beber;
E se, sentada, em ti eu o meter,
Farei-te mal? Mas que idéia de Rosso!

Pois atira-te ao leito e sobre mim,
Que se fosses Marfório ou um gigante
De bronze, eu gozaria mesmo assim.

Chega-me aos ossos e ao tutano, alfim,
Com teu caralho tão nobilitante
Que à tosse da boceta já põe fim.

Abre as coxas bastante:
Mulheres há de haver mais bem vestidas,
Mas em lugar algum mais bem fodidas.

# 24

Il metterete voi, ditel di grazia,
Dietro o dinanzi, io lo vorrei sapere?
Perchè farovvi forse dispiacere
Se nel culo vel caccio per disgrazia?

Madonna no, anzi la potta sazia
Il cazzo sì che non v'ha più piacere,
Ma quel che faccio il fo per non parere
Un coglione all'antica, verbi gratia.

Ma già ch'il cazzo in cul tutto volete
All'usanza de' grandi, io son contento
Che facciate del mio ciò che volete.

Pigliatel con le man, mettetel dentro,
Che tant'util al corpo sentirete,
Quant' un ch'abbia gran mal dall'argomento.

Ondi'io tal gaudio sento
A sentire il mio cazzo in culo a voi,
Ch'io muoio, or moriam dunque tutti doi.

# 24

Onde o ireis meter? Fazei-me a graça
De explicar: na frente, atrás? Que saber
Quero. Por quê? Teríeis desprazer
Se eu no cu vos pusesse, por desgraça?

Nossa Senhora, não! A cona maça
Ao caralho, que já nem tem prazer.
Faço o que faço por não parecer,
*Verbi gratia*, uma tola à antiga e crassa.

Se o caralho no cu todo quereis,
Porém, à grã maneira, eu me contento
De que façais de mim o que quereis.

Pegai-o com a mão, metei-o dentro,
Que tão útil ao corpo o sentireis
Quanto alguém molestado de argumento.

        Tal gáudio experimento
De o caralho em vosso cu sentir pois,
Que eu morro, que morremos todos dois.

# 25

Non tirar, fottutello di Cupido,
Dardi maggiori, fermati, bismulo,
Ch'io vo' fottere in potta e non in culo
Costei, ch'ormai m'ha il cazzo incenerido.

E nelle gambe e nelle braccia fido
Sì discomodo sto che non t'adulo,
E si morrebbe a starvi un'ora un mulo,
Ed io pur soffro e non do voce o grido.

E se voi, Beatrice, stentar faccio,
Perdonar mi dovete, perchè mostro
Che fottendo a disagio mi disfaccio.

E se non ch'io mi specchio nel cul vostro.
Stando sospeso in l'un e l'altro braccio,
Mai non si finirebbe il fatto nostro.

O cul di latte e d'ostro!
Se il vedervi non mi prestasse lena,
Non mi starebbe il cazzo ritto appena.

# 25

Não atires, fodido de um Cupido,
Dardos maiores. Pára, duplo mulo.
A cona, não o cu, é que eu postulo,
Desta que a vara põe-me num brasido.

Nas pernas e nos braços mal sustido,
Tão descômodo estou que não te adulo.
Uma hora assim matava até um mulo.
Eu, no entanto, me agüento sem gemido.

E se, Beatriz, ora esperar vos faço,
Perdoar-me deveis, pois mostro assim
Que fodendo mal posto me desfaço.

Se vosso cu não dá-me espelho, a mim
Que estou suspenso num e noutro braço,
O nosso feito não teria fim.

                Cu de leite e carmim!
Se o contemplar-vos não me desse fé,
Eu não tinha o caralho assim de pé.

# 26

Questi nostri sonetti fatti a cazzi,
Soggetti sol di cazzi, culi e potte
E che son fatti a culi, a cazzi, a potte
S'assomigliano a voi, visi di cazzi.

Almen l'armi portaste al mondo, o cazzi,
E v'ascondeste in culi e nelle potte,
Poeti fatti a cazzi, a culi, a potte,
Prodotti da gran potte e da gran cazzi

E se il furor vi manca ancora, o cazzi
Sarete e tornerete becca-potte,
Come il più delle volte sono i cazzi.

Qui finisco il soggetto delle potte
Per non entrar nel numero dei cazzi
E lascerò voi, cazzi, in culi e potte.

Chi ha le voglie corrotte
Legga cotesta gran coglioneria,
Ch'il mal anno e il mal tempo Dio gli dia.

# 26

Estes nossos sonetos do caralho,
Que falam só de cu, caralho, cona,
e feitos a caralho, a cu, a cona,
Semelham vossas caras de caralho.

Trouxestes cá, poetas do caralho,
As armas para pôr em cu e cona.
Sois feitos a caralho, a cu, a cona,
Produtos de grã cona e grã caralho.

E se furor, oh gente do caralho,
Vos falta, ficareis no pica-cona,
Como acontece amiúde co'o caralho.

Aqui termino esta questão da cona
P'ra não entrar no bando do caralho,
E, caralho, vos deixo em cu e cona.

                Quem perversões tenciona
Aqui nestas asneiras logo as lê.
Que mau ano e mau tempo Deus lhe dê.

# Notas

SONETO 1 [pp.52-3]

*Capítulo*: Composição em *terza rima*, tipo de estrofação introduzido por Dante com a *Divina comédia* e que consiste em tercetos de rima entrecruzada.

*Bembo, Pietro*: Poeta e erudito veneziano (1470-1547) que, embora latinista emérito, postulou, nas suas *Prosas* (1525), a adoção do florentino como língua literária. Sua produção poética consta nas *Rimas* (1530), onde pratica um petrarquismo sóbrio que se contrapõe ao crescente preciosismo de seus contemporâneos.

*Sannazaro, Jacopo*: Poeta napolitano (1458-1530) cuja obra mais famosa é *Arcádia*, romance em que prosas e éclogas se alternam para celebrar a vida simples e pacífica dos pastores. Esse romance deu início à voga arcádica do bucolismo, que teria longa carreira nas literaturas européias da época renascentista e pós-renascentista.

*Marignan*: Trata-se provavelmente do marquês de Marignan ou Melegnano (1497-1555), capitão italiano que participou com destaque na batalha de Pávia (1528) e serviu sob Carlos V; era irmão do papa Pio IV. As fontes consultadas não o dão como poeta.

SONETO 2 [pp. 54-5]

*Morgante*: Protagonista do poema homônimo de Luigi Pulci (1432-84), es-

105

critor que pertenceu ao círculo de Lourenço, o Magnífico. Trata-se de um romance cavalheiresco de tom jocoso cujo herói é um gigante ingênuo, de força prodigiosa, que acompanha Rolando de Roncesvales e participa com destaque em diversas aventuras no Oriente.

*Marguta*: Gigante de feio aspecto e de caráter bufo que serve de escudeiro a Morgante.

SONETO 3 [pp. 56-7]

*Europa*: filha de Agenor, rei de Tiro ou Sídon. Zeus ou Júpiter viu-a certa feita a brincar com as companheiras; transformou-se então num touro branco com chifres de lua crescente. Quando se aproximou de Europa, esta o acariciou e montou. Ele entrou com ela pelo mar adentro, levando-a até Creta, onde a possuiu e a fez depois esposa do rei da ilha. O touro em que Zeus se metamorfoseou virou constelação e se tornou signo do zodíaco.

SONETO 16 [pp. 82-3]

*Rangão* (Rangone), Hércules: Segundo Guillaume Apollinaire, em nota à tradução francesa dos *Sonetos luxuriosos*, havia, na época de Aretino, dois personagens com esse nome. Um foi cardeal, camareiro secreto e protonotário do papa Leão x. O outro era um condottiere a serviço de Florença na guerra contra Clemente VII e Carlos V.

*Angiola*: Cortesã de origem grega que se estabeleceu em Roma no tempo de Leão x, por um de cujos camareiros, talvez o cardeal Rangone, teria sido desposada.

SONETO 18 [pp. 86-7]

*Rei de França*: Para Apollinaire, haveria aqui uma alusão a Francisco I que, após sua serrota em Pávia, fora preso pelas tropas de Carlos V, na mesma época em que teriam sido escritos os *Sonetos luxuriosos*. Parece-me, porém, que essa pretensa alusividade decorre de um equívoco de tradução: o verso "Se me lo comandasse il Re di Francia" foi traduzido para o francês como "Quand bien même je croirais délivrer le roi de France".

SONETO 20 [pp. 90-1]

*Lorenzina*: Rica cortesã de Roma, ao tempo de Aretino.

*Ciabattina*: Em português, "Sapateira": bela cortesã romana da mesma época, cujos favores eram dos mais caros.

SONETO 23 [pp. 96-7]

*Rosso*: Pelotiqueiro e bufão romano que serviu ao cardeal Hipólito Médicis e que Aretino fez personagem de sua comédia *La cortigiana*.

*Marfório*: Estátua do Capitólio de Roma que, juntamente com a famosa estátua de Pasquino, da Praça Navona, Aretino converteu em interlocutores dos seus poemas satíricos ou "pasquinadas".

SONETO 25 [pp. 100-1]

*Beatriz*: Outra cortesã romana contemporânea de Aretino.

ESTA OBRA FOI COMPOSTA PELO GRUPO DE CRIAÇÃO EM MERIDIEN, TEVE
SEUS FILMES GERADOS NO BUREAU 34 E FOI IMPRESSA PELA GEOGRÁFICA
EM OFF-SET SOBRE PAPEL PÓLEN BOLD DA COMPANHIA SUZANO PARA A
EDITORA SCHWARCZ EM MAIO DE 2000